L'ordinateur à la maison

Facile

Henri Lilen

AF859660

FIRST
Interactive

L'ordinateur à la maison Facile

27, rue Cassette
75006 PARIS – France
Tél. 01 45 49 60 00
Fax 01 45 49 60 01
E-mail : firstinfo@efirst.com
Internet : www.efirst.com

ISBN : 978-2-7568-0051-6
Dépôt légal : 1er trimestre 2007
Imprimé en Espagne

Mise en page : pbi1@mac.com

Table des matières

Chapitre 1

Quel ordinateur choisir et où l'acheter ? 11

Chapitre 2

Quel budget devez-vous prévoir ? 27

Chapitre 3

Installez l'ordinateur et prenez place 33

Chapitre 4

Mettez l'ordinateur en route 43

Chapitre 5

Découvrez Windows 55

Chapitre 6

Découvrez Internet et surfez sur le Web 73

Chapitre 7

Échangez du courrier électronique 85

Chapitre 8

Enrichissez vos loisirs 103

Chapitre 9

Achetez sur le Web au meilleur prix 117

Chapitre 10

Jouez en solitaire ou sur Internet 125

Chapitre 11

Écrivez, calculez et publiez 133

chapitre 1

Quel ordinateur choisir et où l'acheter ?

Dans ce chapitre

- Choisir entre l'ordinateur de bureau et le portable
- Les avantages d'une grande marque
- L'achat par correspondance
- La composition de l'ordinateur
- Le Wi-Fi
- L'importance de la garantie
- Les périphériques

Bien sûr, ce chapitre ne s'adresse qu'à ceux qui ne possèdent par encore d'ordinateur. La décision d'achat étant prise, vous devez choisir le modèle qui correspond à vos besoins afin de ne pas vous ruiner. Il existe en effet des machines de tous types et à tous les prix.

› Ordinateur de bureau ou portable ?

La première décision concerne le type de PC à acquérir. Un modèle de bureau ou un modèle portable ?

PC

C'est le nom générique que l'on donne à tous les ordinateurs personnels. Il a été imaginé par la société IBM qui a appelé sa première machine *Personal Computer* (ordinateur personnel).

L'ordinateur de bureau et tous ses équipements

Actuellement, la préférence des utilisateurs va vers les portables, avec les arguments suivants :

- Un portable est plus facile à transporter ou à déplacer. Il est aussi généralement moins bruyant. Vous pouvez l'emmener en week-end ou à la campagne et même en vacances.
- L'ordinateur de bureau est plus volumineux, plus lourd et plus encombrant. Il se laisse difficilement déplacer.
- À caractéristiques égales, le portable est plus cher qu'un ordinateur de bureau. Un portable vaut entre 600 et 2 000 euros, alors qu'un ordinateur de bureau de performances comparables coûte typiquement quelque 100 euros de moins.
- L'ordinateur de bureau se présente généralement en plusieurs morceaux. Le portable, lui, se présente comme un « tout-en-un ».

L'ordinateur portable, roi du nomadisme

- Il est plus difficile sinon impossible de modifier la composition d'un portable alors que c'est très facile avec un ordinateur de bureau.
- La maintenance d'un ordinateur de bureau est plus facile et moins onéreuse que celle d'un portable. C'est important passé la période de garantie.

Vous disposez maintenant des principaux critères de sélection. À vous de faire votre choix maintenant.

Faut-il choisir une grande marque ?

Il existe plusieurs façons de choisir un ordinateur :

1 Vous vous fiez aux grandes marques. Les cinq principales marques sont les Américains **Dell** et **Hewlett-Packard**, la société chinoise **Lenovo**, le Taïwanais **Acer**, et **Fujitsu/Siemens**, une société détenue par moitié par le Japonais Fujitsu et l'Allemand Siemens.

2 Vous achetez un ordinateur en promotion, sans réelle marque connue, généralement dans les grandes chaînes de distribution.

3 Un spécialiste local ou une boutique de proximité vous propose une machine « maison ».

Les arguments en faveur de ces diverses solutions sont les suivants :

- Une grande marque offre généralement toutes garanties. Ce choix est une solution sage que personne ne pourra vous reprocher.
- Les ordinateurs vendus en promotion par les grandes chaînes sont généralement produits par des fabricants indépendants qui ne font guère de publicité et n'appliquent que des solutions éprouvées, ce qui réduit leurs frais. C'est pourquoi leurs prix sont souvent sensiblement moindres. La qualité et la fiabilité sont généralement au rendez-vous.
- Une boutique ou un spécialiste local vous propose ses propres ordinateurs : l'avantage essentiel est la proximité. Si le vendeur est sérieux, vous pourrez, par la suite et à tout moment, le consulter aisément et lui soumettre un problème ou une difficulté quelconque de vive voix. Il vous aidera efficacement à les résoudre.

Pourquoi pas un Mac de la société Apple ?

Pourquoi pas, en effet? Depuis peu, à performances égales, un Mac n'est pas plus cher qu'un PC. Les derniers modèlèles peuvent fonctionner aussi bien sous windows que sous MacOS. Il sont fournis d'origine avec de nombreux logiciels, et les grands classiques comme Word ou Photoshop pour existent dans les deux environnements.

› Peut-on acheter par correspondance en toute confiance ?

Les achats par correspondance auprès de grandes sociétés connues, ayant pignon sur rue, sont totalement sécurisés. N'hésitez pas à recourir à leurs services. Si besoin est, utilisez l'ordinateur d'un ami pour explorer le marché et passer votre commande.

Dès que vous vous serez familiarisé avec Internet, vous trouverez d'ailleurs par correspondance des produits informatiques, en particulier, à des prix imbattables.

› Quelle doit être la composition minimale de l'ordinateur ?

Tous les ordinateurs ne naissent pas égaux. Certains sont plus rapides que d'autres, mieux équipés ou plus puissants. C'est comme pour les automobiles : il en existe pour tous les goûts, pour tous les besoins et de toutes les couleurs. Aussi devez-vous faire un choix sachant que, dans une collection donnée, les plus performants sont aussi les plus chers.

Mais de quoi avez-vous besoin réellement ? Cette question en entraîne une seconde : à quoi votre ordinateur va-t-il vous servir ? Voici un mini-guide de sélection :

- Pour surfer sur Internet, échanger du courrier électronique, faire un peu de traitement de texte, un ordinateur très simple, d'entrée de gamme, devrait largement suffire.
- Si vous voulez jouer à des jeux vidéo très riches ou vous livrer à des activités exigeantes en puissance, l'ordinateur doit être plus performant.

Faites un test simple !

Tentez de définir ce à quoi votre ordinateur va vous servir, puis consultez un magasin spécialisé. Exposez vos besoins au vendeur, s'il consent à vous écouter, et demandez-lui conseil. Mais ne lui accordez quand même pas une confiance aveugle.

Si un peu de technique ne vous rebute pas...

Si vous souhaitez entrer quelque peu dans la technique, voici quelques éléments complémentaires utiles :

- Le cerveau d'un ordinateur est un composant appelé **microprocesseur**. Sa vitesse de travail est définie par une **fréquence** : plus son chiffre est élevé et plus le microprocesseur est réputé rapide… et coûte cher. Mais cette notion de vitesse est moins importante qu'on le laisse entendre.

Microprocesseur

Le microprocesseur est l'âme de l'ordinateur. Il existe deux fabricants : **Intel** et **AMD**. Leurs produits ont pour nom **Celeron** et **Pentium**, **Opteron**, **Athlon** et **Sempron**. Leurs performances peuvent se comparer.

Fréquence de travail

La **fréquence de travail** du microprocesseur se mesure en milliards d'impulsions par seconde, en **gigahertz**. C'est ce qu'on appelle aussi la **fréquence d'horloge**. Les valeurs actuelles tournent autour de 2 gigahertz.

› Lorsqu'il travaille, le microprocesseur s'appuie sur une mémoire dite **centrale**. Avec le système d'exploitation Windows XP, la capacité conseillée minimale de mémoire est de 512 Mo (mégaoctets). Avec Windows Vista, la valeur minimale est de 1 Go (gigaoctet).

Octets et gigaoctets

L'octet est une unité informatique qui correspond approximativement à un caractère tel que vous le tapez au clavier. Un gigaoctet équivaut à un milliard d'octets.

Mémoire centrale

Circuits électroniques chargés de stocker les programmes et les données pour le microprocesseur. Sa capacité se mesure en millions (mégaoctets) ou en milliards (gigaoctets) d'informations.

RAM

Nom technique donné à la mémoire centrale et provenant de l'expression *Random Access Memory* (mémoire à accès aléatoire).

Windows

Windows (ce qui signifie *fenêtres*) est le nom du tout premier programme qu'un ordinateur doit exécuter. Le nom générique de ce type de programme est **système d'exploitation**.

- La mémoire permanente de l'ordinateur est constituée par un **disque dur**. Une capacité minimale de 40 Go est une valeur plancher. Si vous enregistrez des quantités de musique et de films, il faut voir plus grand et passer à plusieurs centaines de gigaoctets.
- L'affichage est commandé par un dispositif électronique qu'on désigne par **interface graphique** ou **carte graphique**. Les jeux vidéo, entre autres, la mettent à rude épreuve, aussi faut-il qu'elle soit d'excellente qualité (et par conséquent plus chère).
- Il vous faut un écran plat. Pour un ordinateur de bureau, une taille d'écran de 17 pouces de diagonale, soit 43 cm, convient parfaitement. Un portable avec un écran de 15 pouces est parfait.

- Votre machine doit aussi être équipée d'un lecteur de CD et de DVD pour pouvoir lire ces éléments, ainsi que d'un graveur pour pouvoir en créer et enregistrer des fichiers, de la musique, des films.

Wi-Fi : la liaison sans fil

Votre ordinateur est capable de communiquer avec le monde entier mais, pour cela, il faut utiliser des câbles spéciaux parfois bien embarrassants. Pour s'affranchir de cette obligation, on a inventé un mode de liaison sans fil, par ondes radio : le Wi-Fi.

Wi-Fi
La fidélité sans fil. Mode de liaison sans câble, par ondes radio, d'un ordinateur à des périphériques ou à Internet.

Par exemple, le Wi-Fi vous permet de relier votre portable à un boîtier spécial vous connectant à Internet (tel qu'une Livebox) par ondes radio. Ainsi, vous installez le boîtier près d'une prise téléphonique murale tandis que vous utilisez votre portable dans n'importe quelle autre pièce de votre logement ou même dans le jardin.

Autre exemple : vous vous rendez dans un aérodrome pourvu d'un récepteur Wi-Fi, un **hot spot** comme on l'appelle (un *point chaud*), et vous vous connectez aussitôt à Internet sans aucune connexion spécifique.

La plupart des portables sont d'origine équipés du dispositif Wi-Fi approprié, contrairement aux ordinateurs de bureau. Mais c'est facile de leur conférer le Wi-Fi puisqu'il suffit, par exemple, d'insérer une petite clé spéciale Wi-Fi dans l'un de leurs connecteurs USB.

Veillez à la garantie

- Évitez une garantie qui ne porterait que sur trois mois. C'est souvent suffisant, mais pourquoi ne pas prévoir un an ?
- La garantie peut s'appliquer à la condition, en cas de panne, que vous rameniez vous-même votre machine au point d'achat pour réparation ou que vous l'expédiez. Passe encore pour un portable, mais pour une machine de bureau lourde et encombrante, cela peut se révéler pénible. Aussi est-il préférable de choisir une garantie portant sur des réparations sur place, chez vous, « sur site » comme on dit.
- La garantie devrait s'engager sur un délai précis de réparation en cas de panne, par exemple trois jours ouvrables.
- Une extension de garantie sur trois ou cinq ans à titre onéreux n'est pas forcément indispensable. Si vous êtes d'un naturel inquiet, souscrivez à une telle garantie.
- La garantie doit aussi prévoir un service d'assistance téléphonique disponible, gratuit et efficace, ce qui est parfois beaucoup demander.

› Trois périphériques indispensables et un facultatif

Autour de l'ordinateur gravitent un certain nombre de matériels appelés **périphériques**. Pour ne pas trop encombrer votre espace de travail, certains d'entre eux sont incorporés dans votre portable ou dans votre machine de bureau, par exemple le disque dur ou le lecteur de CD/DVD. L'écran des ordinateurs de bureau est, lui aussi, un périphérique.

Périphérique
Ce mot englobe tous les matériels qui gravitent autour de l'ordinateur proprement dit : écran, imprimante, souris, disques, scanner, webcam, *etc.*

Souris
Petit dispositif de pointage dont les mouvements déplacent une marque spéciale à l'écran appelée **pointeur**, souvent une petite flèche.

Hormis ces éléments, vous devrez en acquérir quelques autres séparément. Pour des raisons financières, vous pouvez différer leur achat. Certains sont indispensables alors que d'autres restent facultatifs. Parmi les indispensables :

- L'**imprimante** : vous en aurez besoin pour imprimer l'image ou la photo qui se trouve à l'écran, ou la lettre que vous venez de composer. Il vous faut une imprimante.

- Le **modem** pour vous connecter à Internet. Tous les ordinateurs actuels possèdent bien un **modem téléphonique** incorporé, mais il est relativement peu efficace parce qu'il est très lent. C'est quand même le seul qui permette de télécopier. Pour gagner en vitesse, il faut installer un modem ADSL, la technique dominante.

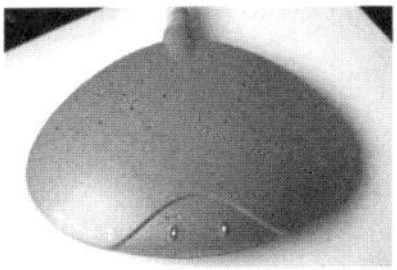

Modem

Modem provient de la contraction de l'expression *MODulateur-DÉModulateur*. Ce dispositif s'insère entre l'ordinateur et votre ligne téléphonique pour assurer la connexion à Internet.

ADSL

ADSL est un sigle qui provient de l'expression *Asynchronous Digital Subscriber Line*, soit ligne asynchrone numérique d'abonné. Il désigne un mode de transmission très rapide des données par voie téléphonique.

Livebox

Nom déposé par la société Orange (anciennement Wanadoo) d'un boîtier modem permettant à un ordinateur de se connecter à Internet par ADSL.

- Une **clé USB** : elle sert à stocker de grosses quantités d'informations. Vous la connectez ou la déconnectez pour la mettre en sécurité ou pour transférer les données qu'elle contient à un autre ordinateur.

USB

USB (*Universal Serial Bus*, bus série universel) désigne un mode de connexion qui se veut universel ainsi que son connecteur. Chaque ordinateur dispose de deux à six connecteurs USB.

Parmi les périphériques facultatifs, le premier qui vient à l'esprit est le scanner. Vous possédez un document papier ou une belle photo couleur et vous voulez en faire une copie dans votre ordinateur ? Placez-le à plat sur la vitre du scanner et déclenchez ce dernier : l'image de votre document s'affichera sur l'écran de votre machine. Vous pourrez alors l'enregistrer ou l'imprimer, ou encore modifier ce document et, par exemple, retoucher une photo ou, s'il s'agit d'une photo ancienne, lui conférer une belle teinte sépia. Après quoi, vous l'imprimerez.

Scanner
Périphérique permettant de photocopier un document et d'en transmettre l'image à l'ordinateur.

Il existe bien d'autres périphériques, mais vous enrichirez votre collection à mesure que vos besoins l'exigeront.

chapitre 2

Quel budget devez-vous prévoir ?

Découvrez...

- Les prix de l'ordinateur
- Celui des périphériques
- Les besoins en consommables
- Le prix de l'accès à Internet
- Le prix des logiciels

Combien cela vous coûtera-t-il ? Forcément plus cher que le seul prix d'achat de l'ordinateur. Quelques mauvaises surprises sont à redouter.

› Le prix de l'ordinateur

Il existe des portables et des ordinateurs de bureau :

- Le prix d'un portable d'entrée de gamme est inclus entre 700 et 2 500 euros.
- Le prix d'un ordinateur de bureau d'entrée de gamme est inclus entre 600 et 2 000 euros.

Ces prix, tout comme ceux qui suivent, ne sont donnés qu'à titre indicatif, car rien ne fluctue davantage que le prix d'un ordinateur au gré de la concurrence et des évolutions techniques.

› Le prix des périphériques

Vous devez associer divers périphériques à votre machine :

- Vous pouvez trouvez une imprimante à jet d'encre à partir de 60 euros. Pour imprimer d'excellentes photos, il faut prévoir davantage, jusqu'à 150 euros.

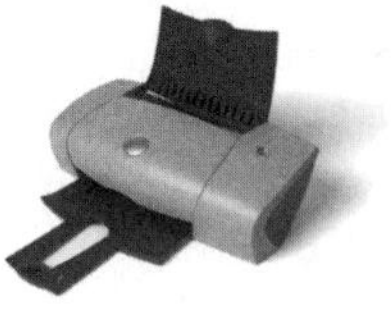

- Si vous voulez un scanner pour scanner des documents ou des images, comptez entre 50 et 150 euros.
- Une clé USB est économique (les prix ont chuté) : à partir de 10 euros.
- Un appareil photo numérique, si vous vous livrez à la photographie : 200 euros en moyenne.

Pour votre imprimante à jet d'encre, ajoutez les consommables :

- Les cartouches d'encre : environ 10 euros pour imprimer 150 pages en noir.
- Le papier qualité photo : 10 euros les vingt feuilles au format 10 × 15 cm.
- Du papier commercial en ramettes de 500 feuilles, en 80 grammes : 8 euros.

Vous aurez aussi besoin d'acheter des CD ou des DVD vierges pour les graver : 1 à 5 euros pièce ; ils sont souvent vendus par packs de dix.

L'accès à Internet

Pour accéder à Internet :

- Vous devez d'abord souscrire un abonnement auprès d'un fournisseur d'accès : selon les services offerts, comptez entre 20 et 35 euros par mois.

- Une téléphonie dite illimitée coûte quelque 10 euros par mois.
- Il vous faut un modem ADSL ou autre. Il est soit fourni dans le contrat, soit loué 3 euros par mois, soit acheté (60 euros).

- Si vous conservez votre ancienne ligne téléphonique, vous devrez continuer à payer son abonnement à France Télécom : 14 euros par mois.
- Une caméra vidéo (webcam) pour vous filmer et transmettre des images par Internet : 50 euros.
- Un microphone pour dialoguer de vive voix avec vos correspondants s'il n'est pas inclus dans votre ordinateur : 10 euros.

Les abonnements seuls peuvent facilement atteindre quelque 50 euros par mois.

Internet

Réseau mondial d'ordinateurs serveurs reliés par des lignes téléphoniques. Vous pouvez consulter ceux qui sont ouverts au public. Par exemple, l'ordinateur du musée du Louvre.

Le prix des logiciels

Voici un autre piège : si les programmes qui vous ont été fournis avec l'ordinateur sont insuffisants, vous devrez en acquérir d'autres. Et c'est parfois très cher :

- Une collection complète de programmes de bureautique, par exemple Microsoft Office : environ 500 euros !

Bureautique

Sous le terme *programmes de bureautique*, on regroupe des programmes de traitement de texte, des tableurs, des logiciels de présentation, des bases de données, *etc.*

- Un logiciel de sécurité avec son antivirus que vous devrez renouveler tous les ans pour qu'il soit à jour : 50 euros.
- Un logiciel de retouche d'images si vous voulez améliorer ou retravailler vos photos : 100 euros.
- Un excellent logiciel de gravure pour graver des CD et des DVD : 100 euros (mais il en existe un dans Windows).
- Des jeux et leur manette de jeu : à partir de 10 euros et jusqu'à plus de 100 euros.

Des programmes gratuits

Il existe souvent des contreparties gratuites à ces programmes payants, parfois avec d'excellentes performances. Par exemple et pour les programmes de bureautique, la collection OpenOffice.org. N'hésitez pas à vous documenter.

Dressez un bilan

Il est difficile de dresser un bilan précis, car tout dépend de vos besoins et de vos choix. Mais vous pouvez constater sans peine qu'à l'investissement que représente l'ordinateur s'ajoutent des options complémentaires prévisibles.

Le plus lourd est, certes, constitué par les logiciels, mais n'oubliez pas que votre abonnement à Internet peut facilement coûter 600 euros par an. Ce qui représente, sur cinq ans, plus que l'ordinateur et ses périphériques.

chapitre 3

Installez l'ordinateur et prenez place

Découvrez comment...

- Déballer l'ordinateur et l'installer
- Organiser votre espace de travail
- Éviter toute contrainte et toute fatigue

Vous venez d'acquérir votre ordinateur. Le moment est venu de le déballer, de l'installer sur une table ou sur un bureau, de le connecter et de le mettre en service. Après quoi, vous vous installerez confortablement devant la machine.

› Déballez la machine

Deux cas se présentent, selon que vous avez acquis un ordinateur portable ou un ordinateur de bureau.

Cas de l'ordinateur portable

Un ordinateur portable constitue un ensemble complet. Il est livré dans un carton relativement petit. Utilisez un cutter ou des ciseaux pour couper l'adhésif qui ferme ce carton et déballez l'ordinateur.

Il est accompagné d'un manuel d'emploi et aussi probablement de quelques CD ou DVD : ils contiennent le système d'exploitation Windows et tout ce qu'il faut pour remettre votre machine en état de fonctionnement si quelque chose devait mal se passer. Videz donc soigneusement de carton et mettez précieusement de côté tout son contenu, vous en aurez besoin.

Matériel, logiciels et programmes

En informatique, on utilise des termes consacrés :

- Le **matériel** est votre ordinateur, ses câbles, une imprimante, *etc.*
- Le **logiciel** regroupe l'ensemble des programmes.

- Un **programme** sert à faire fonctionner l'ordinateur. Sans programme, la machine est inerte !

Posez l'ordinateur sur le bureau et ouvrez-le. Pour cela, il faut généralement débloquer un verrou situé sur sa face avant, mais cela est indiqué dans son mode d'emploi.

Conseil pour gagner du temps

Avant toute chose, prenez le temps de lire le mode d'emploi à tête reposée. Bien loin d'être une perte de temps, cette lecture vous en fera certainement gagner en vous évitant des impairs.

Cas de l'ordinateur de bureau

Un ordinateur de bureau est bien plus volumineux et se présente généralement dans deux cartons : l'un contient l'ordinateur, le clavier, la souris, les haut-parleurs, les manuels ainsi que les CD et les DVD de service ; l'autre est destiné à l'écran.

Conservez les emballages

Il est toujours sage de conserver les emballages pour le cas où vous devriez retourner la machine au fabricant. Cela conjure parfois le mauvais sort...

Vous pouvez placer l'ordinateur proprement dit (son **unité centrale**) :

- **Sous votre table de travail** : il vous faudra vous contorsionner quelque peu pour appuyer sur son bouton d'arrêt-marche ou pour insérer un CD dans son lecteur.
- **Sur votre bureau** : il sera plus facile d'accès mais il occupera beaucoup de place. De plus, vous serez plus proche du ronronnement de ses ventilateurs.

L'écran, bien sûr, se place toujours sur votre table de travail.

› Connectez vos matériels

Là encore, deux situations particulières se présentent selon que vous avez opté pour un portable ou un ordinateur de bureau.

Avec un portable, c'est on ne peut plus simple : il suffit de connecter le petit boîtier fourni servant à recharger les batteries de l'ordinateur d'un côté à l'ordinateur, et de l'autre, à une prise secteur murale.

Les choses se compliquent avec un ordinateur de bureau car il faut connecter :

- l'unité centrale (l'ordinateur proprement dit) au secteur ;
- l'écran au secteur.

Prise de terre

La prise secteur de l'ordinateur possède trois broches : deux pour le secteur et une pour la terre. Il faut que vos prises secteur murales offrent également la terre. Or, ce n'est pas le cas des anciennes habitations qui ne sont plus aux normes : la sécurité et la sagesse conseillent de faire modifier votre installation par votre électricien.

- l'écran à l'ordinateur en utilisant le câble spécial fourni ou attaché à demeure à cet écran ;
- le clavier à l'ordinateur ;
- la souris à l'ordinateur.

Clavier et souris sans fil

Si vous disposez d'un clavier et d'une souris sans fil, la liaison avec l'ordinateur s'effectue par ondes radio ou par infrarouge. Dans ce cas, vous n'avez pas besoin de les relier à l'ordinateur à l'aide de câbles.

Toutes ces connexions s'effectuent sur la face arrière de l'ordinateur. Avec un peu de chance, des couleurs serviront de repères.

Ces connecteurs possèdent tous un sens de branchement. Si ça résiste lorsque vous tentez de les enficher, c'est que vous les avez mal positionnés. Ne forcez pas, vous risqueriez de tordre ou de casser quelque chose ; observez bien leur anatomie pour les positionner correctement.

Sécurité

Certains connecteurs sont dotés de vis latérales. Si tel est le cas, utilisez-les pour verrouiller les parties mâle et femelle.

Si vous ajoutez à ces connexions de base les câbles allant vers des périphériques additionnels (imprimante, modem ou boîtier ADSL, scanner, appareil photo numérique), cela donne un montage qui paraît inextricable au profane… Mais tout reste parfaitement logique. Quand tout est connecté, essayez de ramener tous les câbles vers l'arrière pour que rien ne traîne sur la surface de travail.

› Organisez votre espace de travail

Vous devez vous installer devant votre ordinateur de sorte à travailler confortablement :

- Il faut disposer d'un espace de travail suffisant pour être à l'aise.
- Vous devez pouvoir ouvrir un document papier à côté de l'ordinateur sans avoir besoin de faire le ménage.

- Avec un ordinateur de bureau, réservez un espace pour la souris. Vous pouvez y placer un tapis de souris, mais cet accessoire est déconseillé avec certaines souris optiques qui n'y trouvent plus leurs repères.
- La lumière du jour ne doit pas tomber directement sur l'écran.
- L'écran ne doit pas être placé à contre-jour.
- Ne travaillez pas dans une lumière crue, mais dans une lumière tamisée. Si le jour est trop vif, tirez un peu les rideaux. Le soir, allumez une lampe d'ambiance.
- Il faut absolument fuir les reflets sur l'écran. Si reflets (fenêtre, lampe…) il y a, réorientez votre écran.
- L'ordinateur dégage de la chaleur. Il ne doit jamais être placé dans un meuble quasiment fermé. Il faut laisser l'air ambiant circuler autour de la machine, de l'écran et des autres matériels pour assurer leur refroidissement naturel.
- Ne travaillez jamais en plein soleil ou en plaçant l'ordinateur près d'une source de chaleur, un radiateur de chauffage central, par exemple.
- Fuyez les ambiances poussiéreuses.
- Évitez aussi les ambiances humides de certains locaux mal ventilés. Vous pourriez provoquer de la condensation dans la machine, laquelle, à son tour, risquerait de mettre l'électronique en court-circuit.

- Si vous aimez faire une pause-café ou autre, veillez à ne pas renverser de liquide sur le clavier. Sa mort certaine serait assurée.

Évitez toute contrainte et toute fatigue

Maintenant que le matériel est parfaitement installé, prenez place devant l'écran :

- Installez-vous pour que vos yeux se situent, horizontalement, vers le haut de l'écran, vers les trois quarts. Il faut que vous puissiez lire l'écran en baissant les yeux uniquement, sans mouvement du cou ni de la tête.
- Si votre siège n'est pas à la bonne hauteur, utilisez des coussins ou adoptez un siège professionnel à hauteur ajustable.
- Votre dos doit rester bien droit. On vous le répète depuis l'école primaire…
- La distance entre vos yeux et l'écran dépend de votre vue, de la taille de l'écran et de celle de l'affichage. On affirme parfois que cette distance doit être égale à une fois et demie la valeur de la diagonale de l'écran. En pratique, fondez-vous sur une distance comprise entre 40 et 70 cm.
- Vos épaules doivent rester détendues. Si vous deviez les hausser, cela traduirait une mauvaise position de travail.

- Vos pieds devraient pouvoir reposer à plat sur le sol. Éventuellement, vous pouvez prévoir un repose-pied.
- Vos avant-bras doivent rester horizontaux au-dessus du clavier, ou légèrement surélevés. Ils forment un angle droit avec le corps.
- Vos poignets doivent également rester horizontaux. Lorsque vous tapez sur le clavier, ce sont les doigts qui bougent et non les poignets.

L'ordinateur est-il dangereux pour votre santé ?

Non, sauf en cas d'abus, mais quelques précautions s'avèrent indispensables :

- Faites une pause au moins toutes les deux heures. Vous reposerez votre vue, vos bras et vos poignets, et tout votre corps si vous faites quelques pas.
- En cours de travail, laissez de temps à autre votre regard errer ailleurs. L'ordinateur ne provoque pas de troubles oculaires mais peut révéler des troubles latents qui, autrement, seraient passés inaperçus.

- Ne laissez pas les enfants, les plus jeunes surtout, jouer durant de longues heures d'affilée. Certains jeux, à fortes et rapides variations de lumière, pourraient déclencher des crises et révéler un problème qui serait autrement passé inaperçu.

Mieux vaut consulter...

En cas de doute et quel que soit le problème auquel vous vous heurtez, n'hésitez jamais à consulter un médecin ou un spécialiste.

Chapitre 4

Mettez l'ordinateur en route

Découvrez...

- Comment lancer l'ordinateur et ses périphériques
- Les deux versions de Windows
- L'art du clavier et de la souris

Allumez l'ordinateur, découvrez le clavier et la souris ou le dispositif de pointage qui la remplace sur les ordinateurs portables.

› Allumez l'ordinateur et ses périphériques

Pour allumer l'ordinateur, faites basculer son bouton d'arrêt-marche ou appuyez dessus s'il s'agit d'un poussoir. Mettez également l'écran d'un ordinateur de bureau sous tension, faute de quoi rien ne s'affichera.

Deux interrupteurs

Dans les ordinateurs de bureau, on trouve souvent deux boutons d'arrêt-marche : un interrupteur général sur la face arrière et un bouton-poussoir télécommandé sur la face avant. Si c'est le cas du vôtre, il faut d'abord basculer le bouton arrière en position **Marche**, puis appuyer un bref instant sur le poussoir de la face avant et ne plus utiliser que ce dernier.

L'ordinateur démarre. L'écran affiche quelques informations fugitives que vous n'aurez guère le temps de lire puis, après quelques instants, Windows se présente.

Mais qu'est-ce que Windows ? Un ordinateur, vous le savez, ne vit que si un programme l'anime en lui dictant ce qu'il doit faire. Le premier programme qui doit obligatoirement intervenir est chargé de gérer l'ordinateur et de vous servir d'intermédiaire avec la machine.

Un tel programme s'appelle un **système d'exploitation**. Le plus connu, celui qui domine le marché à 95 %, a été développé par la société américaine Microsoft et s'appelle Windows.

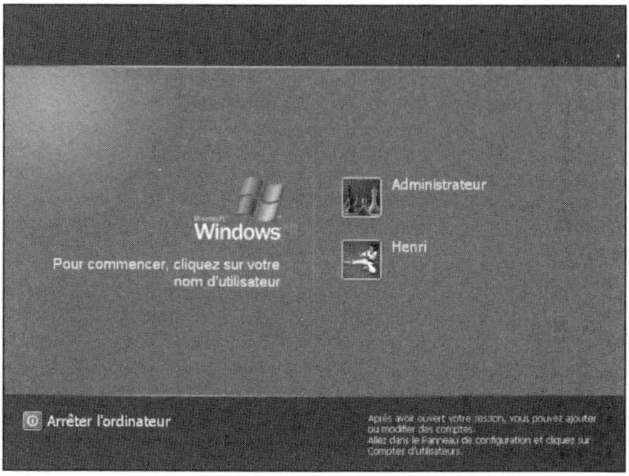

Un mot de passe ?

Si l'écran vous demande de choisir un utilisateur, cliquez sur le nom que vous vous êtes affecté. Ne cliquez pas sur l'option **Administrateur**, réservée à des cas particuliers. S'il vous demande un mot de passe, appuyez sur **Entrée** si vous n'en avez déclaré aucun, ou bien tapez celui que vous avez créé.

Windows et ses deux versions

Windows a connu de nombreuses versions successives au cours des âges. Celle qui est aujourd'hui la plus utilisée est désignée par **Windows XP**.

Mais une nouvelle version, apparue sous le nom de **Windows Vista**, la pousse vers la sortie. Si vous avez le choix, préférez cette dernière. Mais sachez que la précédente fonctionne toujours parfaitement ; ne tentez donc pas de céder à la mode et d'échanger votre XP contre un Vista si vous n'en avez nul besoin. D'ailleurs, ce n'est pas toujours possible et, de plus, c'est relativement onéreux.

C'est bien pourquoi nous allons illustrer ce qui suit avec des reproductions d'écrans provenant des deux systèmes. Vous vous familiariserez simplement avec celui qui est en votre possession et, étant donné que leurs fonctions de base sont rigoureusement semblables, vous n'y prêterez vite plus guère d'attention.

> Des clics et des frappes

Pour l'essentiel, vous passez vos commandes à la machine en utilisant le clavier et la souris. Aussi faut-il tout de suite apprendre à bien les maîtriser.

Le grand problème pour les débutants consiste à bien reconnaître les touches du clavier et à les appeler par leur vrai nom. Si on vous dit d'appuyer sur la touche de tabulation marquée **Tab**, par exemple, vous ne devez pas hésiter un seul instant !

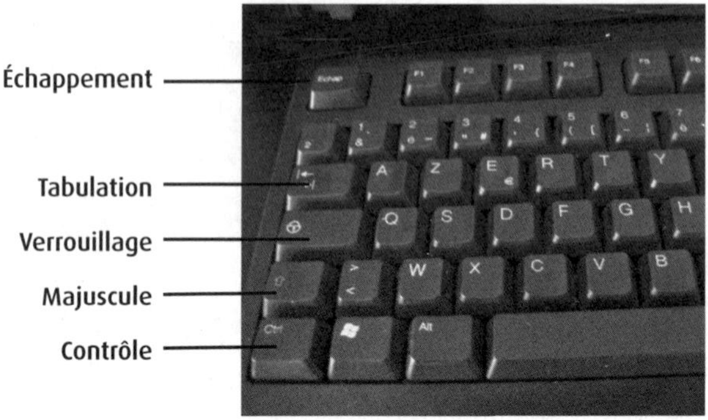

Consacrez donc quelques instants à la reconnaissance de ces touches spéciales :

- **Échappement** : marquée **Echap**, cette touche ne produit aucun caractère et agit toujours en conjonction avec d'autres qui vous seront indiquées par les programmes.
- **Barre d'espace** : non marquée, cette très large touche située tout en bas du clavier produit un espace.
- **Tabulation** : sert à... tabuler, bien évidemment, mais cette touche appelée **Tab** entre aussi en combinaison avec d'autres, comme vous le découvrirez par la suite.
- **Verrouillage majuscule** : si vous appuyez sur cette touche, vous n'écrivez plus qu'en majuscules. Appuyez de nouveau dessus pour revenir aux minuscules.

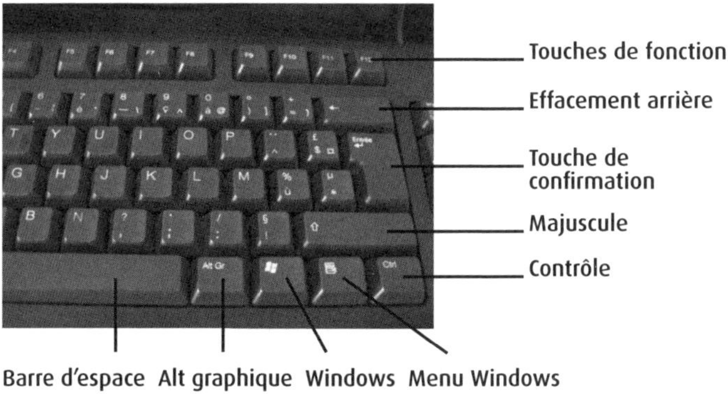

- **Majuscule** : maintenez cette touche enfoncée pendant que vous tapez une lettre pour qu'elle apparaisse en majuscule. Cette touche sert aussi, parfois, à débloquer le verrouillage majuscule précédent.
- **Contrôle** : marquée **Ctrl**, cette touche ne produit aucun caractère et agit toujours en conjonction avec d'autres indiquées par les programmes.
- **Windows** : un petit drapeau Windows qui flotte au vent figure dessus. Elle ne produit aucun caractère et dessert des commandes spécifiques de Windows.
- **Menu Windows** : l'appui sur cette touche affiche un menu de commandes, selon ce que vous êtes en train de faire.
- **Alternative** : marquée **Alt**, cette touche ne produit aucun caractère et agit toujours en conjonction avec d'autres indiquées par les programmes.

- **Alternative graphique** : marquée **Alt Gr**, cette touche, qui se trouve sur la droite de la barre d'espace, ne doit pas être confondue avec la précédente. Elle non plus ne produit aucun caractère et agit toujours en conjonction avec d'autres indiquées par les programmes.

Les dix doigts

Vous tapez sur le clavier avec l'index ou, peut-être, en faisant un très gros effort, le médius. Si vous vous en sentez le courage, utilisez un programme d'apprentissage du clavier qui vous enseignera comment taper avec vos dix doigts.

Outre le bloc alphanumérique, les claviers des ordinateurs de bureau proposent encore deux blocs vers la droite, un bloc de touches de circulation et un pavé numérique.

Les portables disposent d'un clavier compact

Sur les clavier des portables, certaines touches sont obtenues à l'aide d'une combinaison de frappes. Consultez le manuel d'emploi de votre ordinateur pour les découvrir.

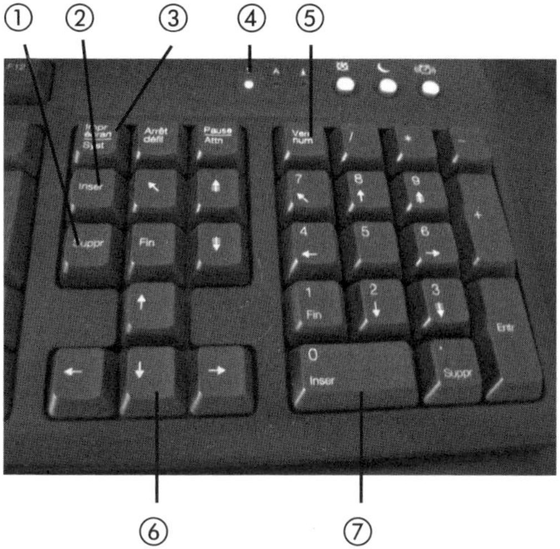

① Suppression

② Insertion

③ Impression écran

④ Témoin du verrouillage numérique

⑤ Verrouillage numérique

⑥ Touches de déplacement

⑦ Pavé numérique

> Combinez les frappes

Certaines touches telles qu'Échappement (**Echap**), Contrôle (**Ctrl**), Alternative (**Alt**) sont utilisées en combinaison avec d'autres. Par exemple, sous Windows, pour passer d'une fenêtre à l'autre, il faut maintenir la touche **Ctrl** enfoncée et appuyer sur la touche de tabulation **Tab**, puis tout relâcher.

Ce type d'opération est indiqué de façon raccourcie par **Ctrl+Tab**. Comprenez que la première touche indiquée doit être maintenue enfoncée tandis que vous appuyez sur la seconde.

Euros
Pour obtenir le symbole **euros** (€), disponible avec certaines polices de caractères, maintenez la touche **Alt Gr** enfoncée et appuyez sur le **E** du clavier.

› Maîtrisez la souris ou le dispositif de pointage

Les portables disposent généralement d'une petite tablette sur laquelle vous promenez votre doigt pour produire des déplacements du pointeur de la souris à l'écran. Les ordinateurs de bureau, eux, sont dotés d'une véritable souris externe, que vous déplacez sur votre table.

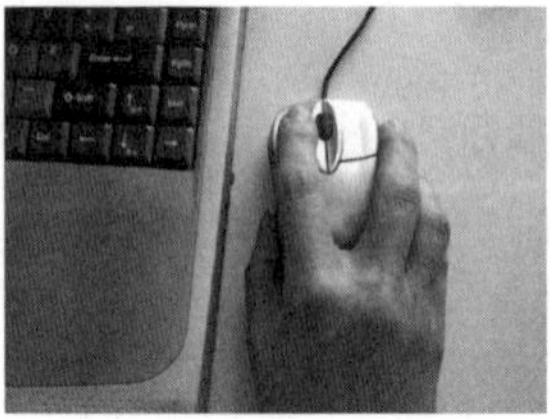

Dans tous les cas, les principales opérations sont les suivantes :

- Déplacez votre doigt sur la tablette de votre portable ou la souris de votre ordinateur de bureau pour que la marque qui la représente à l'écran, son **pointeur**, se déplace en synchronisme.
- Appuyez sur le bouton de gauche, **cliquez**, comme l'on dit, pour déclencher une action.
- Vous pouvez aussi cliquez deux fois de suite assez rapidement. On dit alors qu'on **double-clique**.
- Parfois, on vous dira de cliquer mais en utilisant le bouton de droite. On parle alors d'un **clic droit**. Si on ne le précise pas, c'est qu'il s'agit du clic par défaut avec le bouton de gauche.

Vous constaterez avec satisfaction que toutes ces actions deviennent vite quasiment instinctives. Vous n'y penserez même plus avec un peu de pratique, et vous vous laisserez guider par vos doigts.

Chapitre 5

Découvrez Windows

Découvrez...

- À quoi sert Windows
- La barre des tâches et le bouton Démarrer
- Comment démarrer puis arrêter l'ordinateur
- Comment ouvrir et fermer un programme
- Les boîtes de dialogue
- Comment demander de l'aide

Le premier programme auquel un PC doit obligatoirement faire appel pour apprendre comment il doit se conduire est son **système d'exploitation**. Il s'appelle Windows. Deux versions existent actuellement, l'ancienne appelée **Windows XP**, et la nouvelle disponible en 2007, **Windows Vista**.

› Des frères jumeaux

Windows est chargé de gérer l'ordinateur et vous sert d'intermédiaire avec lui. C'est un **système d'exploitation**.

Dans le chapitre précédent, vous avez découvert l'image qu'affichent ces deux versions. Elles ont d'innombrables caractéristiques en commun. Par exemple :

- Elles offrent une vaste surface centrale de travail chargée de recevoir des fenêtres et des icônes. C'est le **bureau**. Une image de fond s'y affiche, pour vous rendre la vie plus belle. Vous pouvez en changer.
- Par défaut, quelques icônes y figurent déjà, par exemple une **Corbeille** dans laquelle vous jetterez les documents dont vous n'avez plus besoin.
- Tout en bas se trouve une sorte de barre horizontale très importante. C'est la **barre des tâches**.
- Avec Windows Vista, en outre, vous découvrirez une **barre latérale** verticale placée à la droite de l'écran. Elle comporte plusieurs **gadgets**, entre autres, une montre analogique avec de grandes aiguilles bien lisibles.

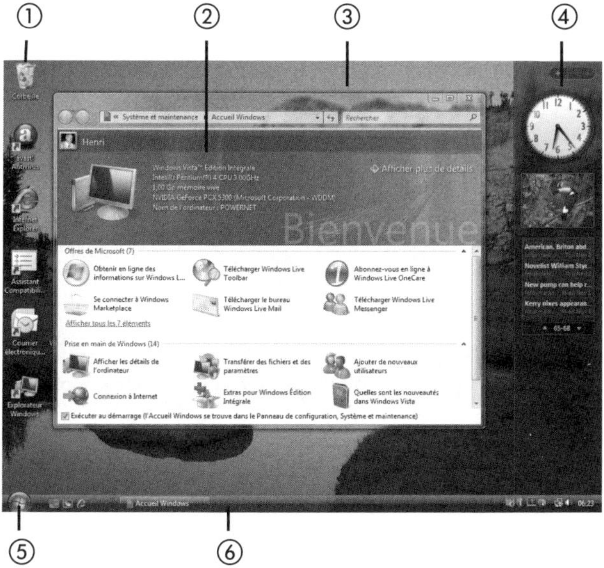

① Icônes servant à appeler les fonctions associées de façon rapide
② La fenêtre de bienvenue ouverte
③ Le bureau de Windows aimablement décoré
④ Barre latérale avec ses gadgets (volet Windows)
⑤ Bouton Démarrer
⑥ Barre des tâches

› L'inévitable barre des tâches

La barre des tâches est divisée en plusieurs sections qui se meublent d'ailleurs rapidement à l'usage avec, de gauche à droite :

① Le bouton Démarrer, noté démarrer dans Windows XP mais non marqué dans Vista où il est représenté par un cercle portant le drapeau Windows. C'est par lui que tout commence et que tout finit !

Menu

Tout comme au restaurant, un menu vous offre la liste des réjouissances disponibles. Ici, il s'agit des commandes que vous pouvez lancer.

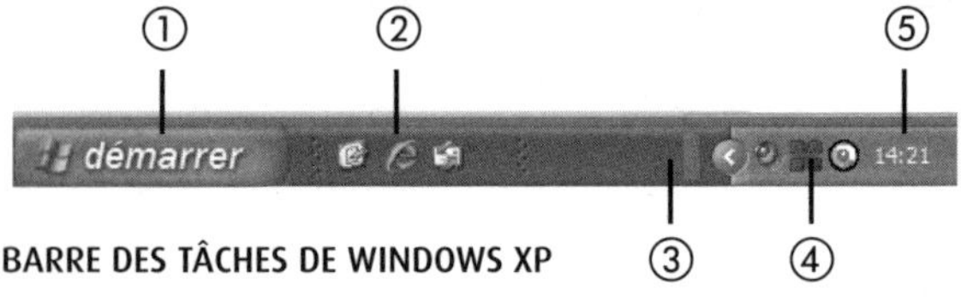

BARRE DES TÂCHES DE WINDOWS XP

② Une zone avec des icônes fixes appelée **barre de lancement rapide**. Il suffit de cliquer sur l'une d'elles pour déclencher son action.

③ Une zone spéciale centrale. Quand vous ouvrez un programme, un bouton chargé de le représenter s'y installe. Cliquez simplement dessus pour réafficher le programme au premier plan à l'écran.

④ Une **zone de notification**. Elle se remplit d'icônes de travail représentant, par exemple, la commande du volume sonore, l'antivirus, votre connexion Internet… Cliquez ou double-cliquez sur l'une d'elles pour l'ouvrir.

⑤ Tout au bout, à droite, une horloge numérique. Si vous double-cliquez dessus, elle indique aussi la date et affiche un calendrier.

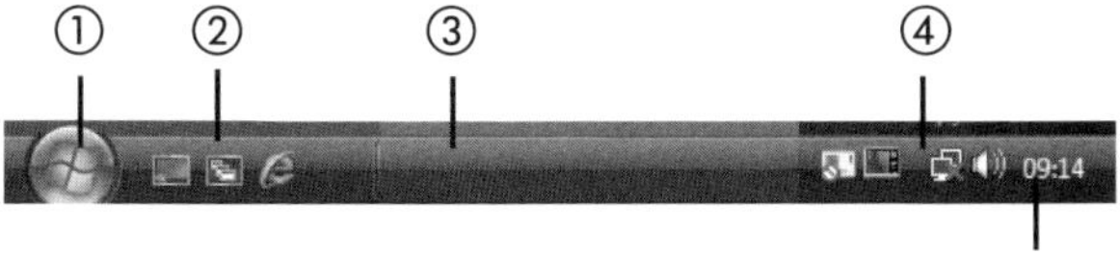

BARRE DES TÂCHES DE WINDOWS VISTA

Le menu Démarrer

Ouvrez le menu **Démarrer** en cliquant sur son bouton. Il liste de nombreuses options présentées de façon un peu plus compacte sous Windows Vista.

Cliquez sur l'une d'elles pour l'activer. Par exemple, si vous cliquez sur **Tous les programmes**, l'écran affiche la liste des programmes existant sur votre machine.

› Arrêtez l'ordinateur comme il faut

Lorsque vous avez fini de travailler, vous devez arrêter l'ordinateur. La procédure d'arrêt obéit à un rituel obligatoire car, avant de se fermer, Windows a besoin de faire un petit coup de ménage.

Une fois ce ménage terminé, c'est Windows qui se chargera d'arrêter la machine en déclenchant son bouton d'arrêt télécommandé.

Éteignez les périphériques

Windows ne sait pas encore éteindre les périphériques externes, par exemple l'écran d'un ordinateur de bureau, une imprimante, un scanner… Aussi devrez-vous le faire vous-même.

Vous disposez de deux options d'arrêt : un **arrêt complet** de l'ordinateur ou une **mise en veille**. Cette seconde option permet, à la reprise, de retrouver très vite votre bureau tel que vous l'aviez quitté.

Avec Windows XP

1 Cliquez sur le bouton **Démarrer**.

2 Cliquez sur la commande **Arrêter l'ordinateur**. Après quelques instants, une petite fenêtre apparaît. On l'appelle une **boîte de dialogue**.

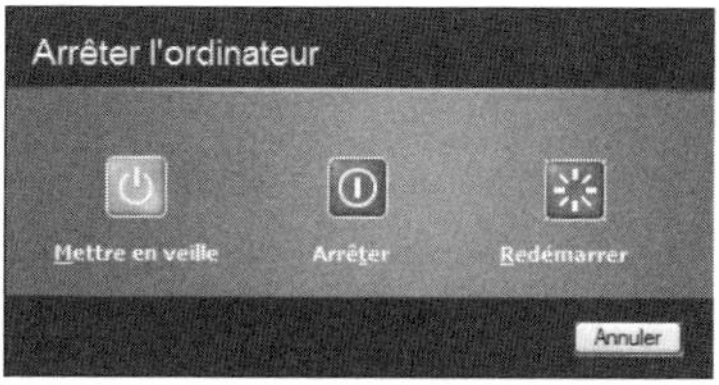

Boîte de dialogue

Lorsque vous avez besoin de dialoguer avec Windows, de lui fournir les informations dont il a besoin à un instant donné, une petite fenêtre de discussion s'affiche à l'écran. C'est une boîte de dialogue.

3 Cette boîte de dialogue propose trois options : **Mettre en veille**, **Arrêter** et **Redémarrer**. Cliquez sur **Arrêter**.

Avec Windows Vista

1 Cliquez sur le bouton **Démarrer**. Une petite barre de trois icônes s'affiche. La première est l'icône de mise en veille ; cliquez dessus si vous préférez cette option.

2 Pour arrêter complètement l'ordinateur, cliquez sur la dernière icône, à droite. Un petit menu s'ouvre.

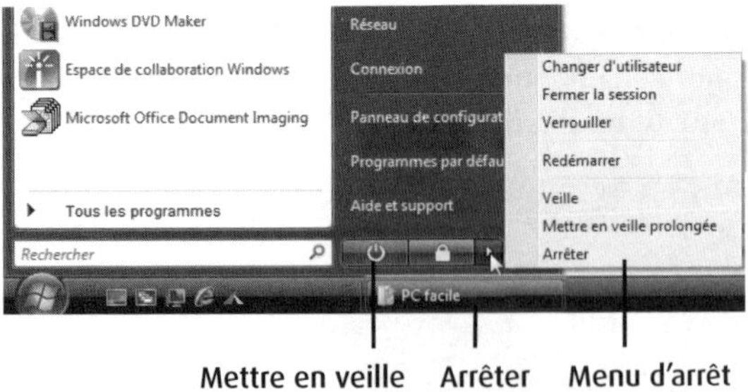

3 Dans ce menu, cliquez sur **Arrêter**.

› Découvrez les icônes

Au départ, peu d'icônes se trouvent sur le bureau. Elles sont très pratiques car, en double-cliquant sur l'une d'elles, vous ouvrez instantanément le programme qu'elle représente.

Icône

Petite image stylisée. Cliquez ou double-cliquez dessus pour lancer le programme ou la fonction qu'elle gouverne. Il s'agit d'un mode rapide, dit raccourci, servant à déclencher certaines opérations.

Une icône importante : la Corbeille

L'une de ces icônes est la **Corbeille**. Lorsque vous supprimez un fichier dont vous n'avez plus besoin, il disparaît, mais il n'est pas détruit : il passe dans la Corbeille où il séjournera quelque temps. Pourquoi ? Mais parce que nul n'est à l'abri d'une erreur ou d'un geste inconsidéré. Si vous vous êtes trompé de fichier, vous pourrez le récupérer dans cette Corbeille tout comme vous pouvez récupérer un document papier que vous avez froissé et jeté dans une corbeille de bureau :

1. Double-cliquez sur cette icône pour lister son contenu.
2. Trouvez le nom de votre fichier, faites un clic droit dessus et cliquez sur la commande **Restaurer**. Il reprendra sagement la place qu'il n'aurait jamais dû quitter.

› Ouvrez ou fermez un programme

Pour ouvrir un programme installé sur votre ordinateur, c'est simple : s'il est représenté par une icône sur le bureau, double-cliquez dessus. Sinon :

1 Cliquez sur le bouton **Démarrer**.

2 Cliquez sur la commande **Tous les programmes**. La liste de vos programmes s'affiche, mais attention, seuls certains sont directement listés : les autres ont été réunis par groupes. Par exemple, le groupe **Accessoires** réunit pas loin d'une demi-douzaine de programmes et contient lui-même d'autres groupes.

3 Cliquez sur le programme à ouvrir si son nom figure directement dans la liste ; sinon, cliquez sur le groupe qui le renferme, puis sur ce programme.

Par exemple, nous aimons bien Paint, le petit programme de dessin aussi génial que limité. Pour l'ouvrir, cliquez successivement sur **Démarrer → Tous les programmes → Accessoires → Paint**.

Que contient la fenêtre d'un programme ?

Quel que soit le programme que vous ouvrez, sa fenêtre affiche les éléments suivants :

- Une barre supérieure de titre : elle affiche le nom du programme, le nom du fichier ouvert ou le nom d'un dossier.

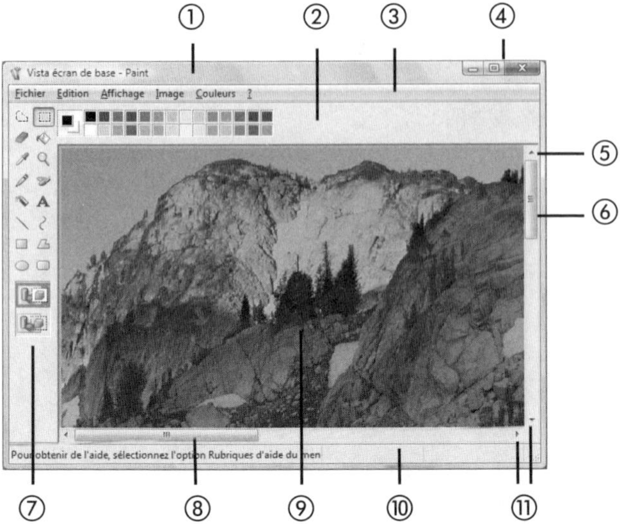

① Barre de titre
② Barre de sélection des couleurs
③ Barre de menus
④ Icônes de gestion de la fenêtre
⑤ Bouton de défilement
⑥ Barre de défilement vertical
⑦ Barre d'outils
⑧ Barre de défilement horizontal
⑨ Zone centrale pour votre document
⑩ Barre d'état
⑪ Boutons de défilement

- Sur sa droite se trouvent trois icônes importantes, bien que petites :
  - L'icône de gauche sert à renvoyer le programme sous la forme d'un bouton dans la barre des tâches.
  - L'icône centrale modifie la taille de la fenêtre, l'agrandissant en plein écran si elle a été réduite, la réduisant à sa taille précédente moindre si elle occupe tout l'écran.
  - L'icône de droite, une simple croix, sert à fermer le programme.

- Vous trouvez, au-dessous de la barre de titre, une **barre de menus**. Cliquez sur l'un d'eux pour ouvrir sa liste de commandes. Vous cliquerez ensuite sur une commande pour la déclencher.

- Microsoft a adopté une nouvelle organisation avec sa collection de programmes appelée Office, regroupant, entre autres, le traitement de texte Word et le tableur Excel. La barre de menus est remplacée par une **barre d'onglets**. Chaque onglet commande l'affichage d'un **ruban** d'outils et de commandes.

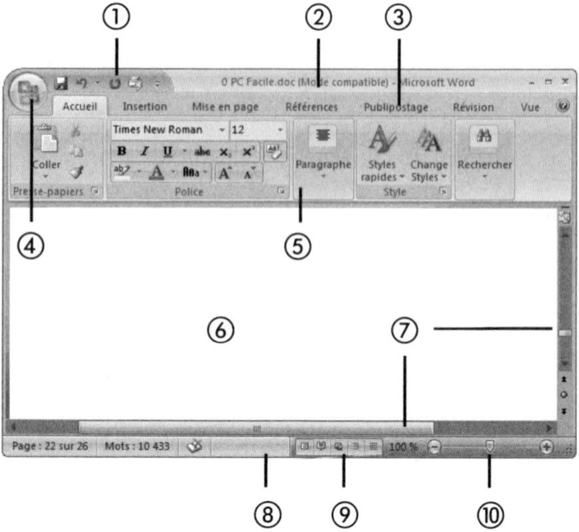

① **Commandes importantes**
② **Barre de titre**
③ **Barre d'onglets**
④ **Icône correspondant au menu Fichier**
⑤ **Ruban de commandes**
⑥ **Espace de travail**
⑦ **Barres de défilement**
⑧ **Barre d'état**
⑨ **Modes d'affichage**
⑩ **Zoom**

- Des barres de défilement : en bas et à droite s'il y a lieu. Elles servent à faire défiler le contenu de ce qui s'affiche dans la partie centrale.

Barres de défilement

Vous disposez de deux modes principaux d'action sur les barres de défilement : cliquez sur les petites flèches qui les encadrent ou bien pointez la « cage d'ascenseur » centrale et, bouton de la souris enfoncé, faites-la glisser. Vous pouvez aussi cliquer sur les zones libres situées entre la cage d'ascenseur et les flèches.

- La partie centrale est réservée à votre document, texte ou illustration, tableau ou graphique…
- Les bords et les angles, lorsque la fenêtre du programme n'occupe pas tout l'écran : pointez-les avec la souris et, bouton enfoncé, agrandissez ou réduisez la taille de la fenêtre.

Vous pouvez déplacer une fenêtre n'occupant pas tout l'écran en pointant sa barre de titre, hors des icônes, puis, bouton de la souris enfoncé, en la faisant glisser.

Passer d'une fenêtre à la suivante

Pour passer d'une fenêtre à l'autre, au choix : 1) cliquez sur ce qui peut encore apparaître de la fenêtre ; 2) cliquez sur son bouton dans la barre des tâches ; et 3) maintenez la touche **Alt** enfoncée puis appuyez un seul coup à la fois sur la touche **Tab** pour faire défiler les fenêtres.

Fermez un programme

Pour fermer définitivement un programme ouvert, vous avez le choix :

- Cliquez sur sa case de fermeture, le petit **X** à droite de la barre de titre.
- Appuyez sur **Alt+F4** lorsque la fenêtre est active. Cela signifie qu'il faut maintenir **Alt** enfoncée et appuyer un instant sur **F4**, puis tout relâcher.
- Cliquez sur son menu **Fichier** ou sur l'icône correspondante, puis sur sa commande **Fermer**.

› Jouez avec les boîtes de dialogue

Si Windows ou un programme a besoin d'informations complémentaires pour exécuter la commande prescrite, il ouvre une boîte de dialogue.

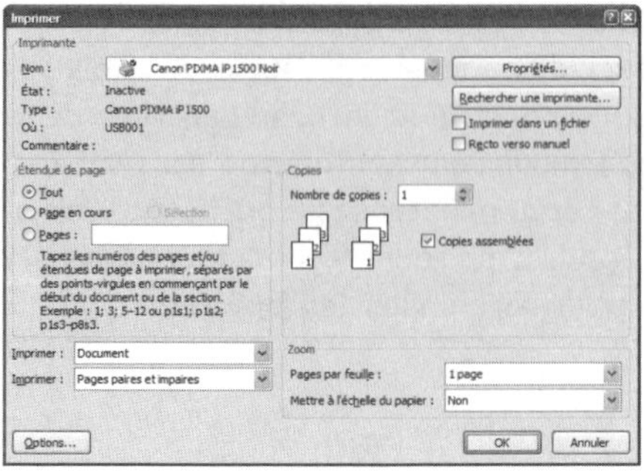

Elle contient une ou plusieurs rubriques auxquelles vous répondez généralement en cliquant sur leur case pour les cocher et les activer, ou encore en tapant l'information demandée.

Parfois, la boîte de dialogue est réduite à trois boutons vous demandant simplement de confirmer l'action demandée ou de l'annuler. Cliquez sur celui que vous voulez.

Ces boîtes de dialogue possèdent généralement une taille réduite. De ce fait, elles incluent parfois des **listes déroulantes**. Une liste déroulante montre normalement l'option active courante, plus un bouton sur sa droite ; si vous cliquez sur ce bouton, vous ouvrez la liste dans laquelle vous pouvez choisir une autre option en cliquant dessus.

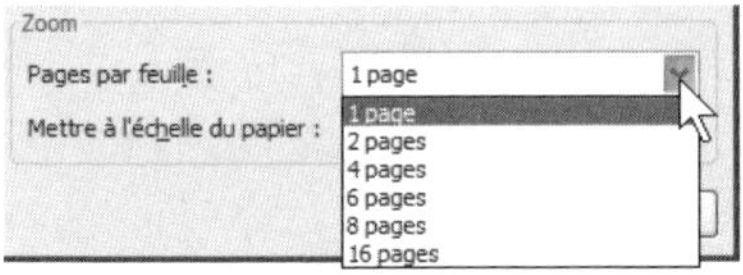

› Demandez de l'aide et vous l'obtiendrez

Tous les programmes qui se respectent disposent d'une sorte de guide chargé de vous dépanner lorsque vous hésitez sur l'action à entreprendre ou sur la façon de la mener. Pour obtenir une telle aide, au choix et selon les circonstances :

- Cliquez sur le bouton **Démarrez → Aide et support**.
- Appuyez sur la touche de fonction **F1** lorsque le programme est actif.
- Dans la barre de menus, cliquez sur **Aide** ou sur le point d'interrogation (?) qui, le plus souvent, symbolise ce menu.

Une fenêtre d'aide s'affichera à l'écran ; vous devrez alors préciser ou choisir ce qui vous intéresse.

Chapitre 6

Découvrez Internet et surfez sur le Web

Découvrez comment...

- Lancer Internet Explorer
- Cliquer sur un lien pour visiter un site
- Visiter un site en tapant son adresse
- Revenir sur une page précédente
- Trouver l'adresse d'un site
- Télécharger de la musique, des vidéos ou des fichiers
- Aller sur les blogs

Internet est un espace de liberté tel que l'humanité n'en a jamais connu. Vous trouverez quasiment tout ce que vous voulez en utilisant ses services. Le plus spectaculaire d'entre eux est le Web, mais le plus utilisé est le courrier électronique.

Pour surfer : Internet Explorer

Pour explorer Internet et pour surfer sur le Web, vous avez besoin d'un programme spécial. Il est fourni par Windows sous le nom d'**Internet Explorer**. Nous supposons que vous êtes déjà correctement connecté à Internet.

Web

Abrégé pour *World Wide Web*, la toile mondiale. Il s'agit du service le plus spectaculaire offert par Internet. Il permet de visiter des sites dans le monde entier, gratuitement.

Pour ouvrir Internet Explorer et pour vous connecter, au choix :

- Cliquez sur l'icône d'Internet Explorer dans la barre de lancement rapide.

- Double-cliquez sur cette icône si elle apparaît sur le bureau de Windows.
- Passez plus traditionnellement par le menu **Démarrer**. Cliquez sur le bouton **Démarrer → Tous les programmes → Internet Explorer**.

Internet Explorer s'ouvre et, si vous n'êtes pas encore connecté à Internet, il prend l'initiative de lancer cette connexion.

La liaison établie, l'explorateur se connecte à un site, celui que vous ou votre fournisseur d'accès avez choisi, par exemple le site français **MSN** (Microsoft Network) dont il affiche la **page d'accueil**.

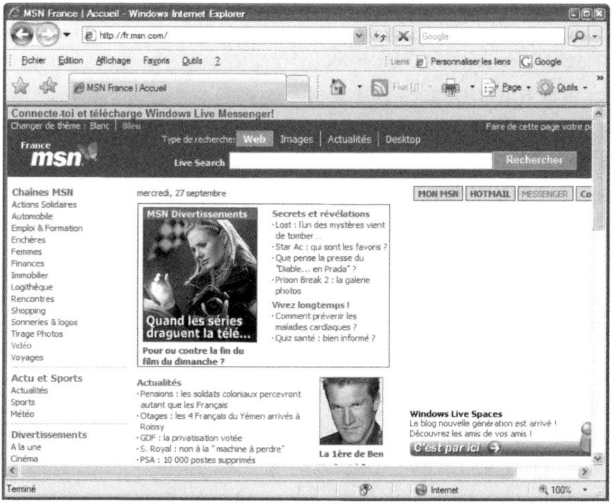

Les zones importantes de cet écran sont les suivantes :

- **Barre de titre** : tout en haut, elle rappelle le nom du site auquel vous êtes connecté. Elle comprend aussi les icônes typiques de Windows servant à gérer la fenêtre.

- **Barre de menus** : elle affiche les menus mis à votre disposition. Leurs commandes les plus usuelles sont représentées par des icônes dans la barre d'outils. À partir de la version 7 de ce programme, vous pouvez l'afficher ou la faire disparaître en appuyant sur la touche **Alt**.

- **Barre d'onglets** : elle apparaît à partir de la version 7 de ce programme.

- **Barre d'outils** : une collection d'icônes chargées de lancer les fonctions les plus courantes.

- **Icône d'activité Internet Explorer** : cette icône, située sur la droite de la barre de menus dans les versions antérieures à la 7, représente un drapeau qui flotte lorsque l'explorateur est occupé à charger un document.

- **Barre d'adresses** : tapez l'adresse du site où vous voulez vous rendre, puis cliquez sur le bouton **OK**, ou bien appuyez sur la touche **Entrée**.

URL

Une adresse Internet est désignée par les lettres **URL** *(Uniform Resource Locator*, localisateur uniforme de ressources). Elle permet d'atteindre un site précis depuis n'importe quel point du globe.

- **Zone centrale de travail** : elle est consacrée à l'affichage des sites, sous de multiples formes, d'ailleurs.

- **Barres de défilement** : elles apparaissent lorsque l'écran est trop petit pour afficher l'intégralité du document reçu. Leur fonctionnement est classique.
- **Barre d'état** : tout en bas, elle est divisée en plusieurs sections.

Page d'accueil

Un site commence par afficher une **page d'accueil**. Une telle page peut être comparée à la page de garde d'un livre, combinée à un bref sommaire.

Cliquez sur un lien pour visiter un site

Pour visiter des sites Internet, pour **surfer** sur le Web comme l'on dit, une bonne méthode consiste à cliquer sur des liens, que l'on désigne encore par le superlatif **hyperliens**.

Trois sortes d'objets, à l'écran, peuvent servir de lien :

- **Un texte** : c'est d'ailleurs ce qui a servi à définir cette notion de lien.
- **Une image transformée en lien** : à une telle image, encore appelée **image cliquable**, correspond un seul lien, désigné aussi par **point chaud**.

- **Une carte image** : il s'agit d'une image disposant de plusieurs liens. Pour illustrer ce type de liens, songez à une carte des régions de France ; chaque région peut constituer un lien menant au site de sa capitale.

Pour l'utilisateur, le mode de fonctionnement de ces liens reste le même. Comment savoir si un objet est un lien ? C'est très simple :

- Par défaut, un lien textuel est souligné et s'affiche en bleu.

- Si vous placez le pointeur de la souris sur un lien, la barre d'état affiche l'adresse (URL) de ce lien. Si l'URL n'apparaît pas dans cette barre d'état, c'est tout simplement parce qu'il n'y a pas de lien.

- Positionné sur un lien, le pointeur de la souris se transforme en une main, index pointé vers le haut. 

Si aucune de ces manifestations n'a lieu quand vous pointez un objet à l'écran, c'est qu'il n'y a pas de lien, ne vous entêtez pas !

Un lien change de couleur

Un lien est considéré comme **suivi** dès que vous avez cliqué dessus pour afficher la page qu'il pointe. L'explorateur modifie sa couleur pour indiquer que vous l'avez déjà utilisé. Cette couleur (qui passe souvent du bleu au pourpre) sert uniquement de rappel. Le lien reste toujours actif et vous pouvez toujours cliquer dessus.

Rendez visite à un site en tapant son adresse

En fait, vous disposez de deux méthodes de base pour passer d'un site ou d'une page à l'autre :

- Cliquez sur un lien ou sur un point chaud de l'écran.
- Tapez son URL (son adresse) dans la barre d'adresses.

Comment taper une adresse ? La procédure est particulièrement simple :

1. Repérez la barre supérieure parfois marquée **Adresse**.
2. Cliquez à l'intérieur de cette barre, dans sa zone de texte. L'adresse URL qui s'y trouve est sélectionnée et passe en couleurs inversées.
3. Tapez la nouvelle adresse en respectant bien son orthographe. La moindre erreur et rien ne marchera.

Respectez les caractères de l'adresse

Une adresse Web commence toujours par `http://` et se poursuit par le nom du site, toujours en minuscules. Il se peut qu'à la suite de cette adresse de base, vous deviez aussi taper plusieurs mots avec des majuscules.

4 L'adresse que vous tapez se substitue à l'ancienne qui disparaît. Dès lors, cliquez sur le bouton **OK**, dans la barre d'adresses, ou bien sur la petite flèche qui joue le même rôle, ou bien encore appuyez sur la touche **Entrée**.

› Revenez à la page précédente

Toutes les versions d'Internet Explorer proposent des icônes généralement situées sur la gauche de la zone d'adresse. Elles représentent une paire de flèches, leur forme et leur taille pouvant varier :

- Lorsque vous avez surfé sur le Web en affichant des sites successifs, vous pouvez, depuis l'un d'eux, revenir au précédent sans taper son adresse : cliquez simplement sur la flèche vers la gauche.
- De même, si vous êtres revenu en arrière, vous pouvez revisiter les sites en sens inverse en cliquant sur la flèche droite pour réafficher la page suivante.

Vous avez oublié ou ignorez l'adresse d'un site ?

Il existe des millions de sites sur le Web. Il est impossible de les visiter tous. Comment trouver celui qui traite du sujet qui vous intéresse ? Vous pouvez aussi avoir égaré l'adresse d'un site. Dans ce cas, vous trouverez facilement les bonnes adresses en les demandant à un service de renseignements gratuit, un **moteur de recherche** :

1 Dans la barre d'adresses, tapez le nom du moteur de recherche le plus célèbre, Google (mais vous pouvez librement en choisir un autre, car il en existe plusieurs dizaines). Cette adresse est : `http://www.google.fr`

Moteur de recherche

Site Web servant de centre de renseignements. Dites-lui ce que vous cherchez et il vous fournira instantanément les bonnes adresses, gratuitement.

2 Appuyez sur **Entrée** pour afficher la page d'accueil de Google.

3 Dans la zone de texte de celle-ci, tapez ce que vous recherchez, par exemple `chocolat`.

4 Cliquez sur le bouton **Recherche Google**. En un instant, ce service de recherche vous indiquera quels sont les sites qui parlent du chocolat, en commençant par ceux qu'il juge les plus pertinents.

5 Chaque site est un lien : pour lui rendre visite, cliquez dessus.

› Téléchargez de la musique, des vidéos, des programmes

Il existe des millions de documents sur le Web : de la musique, de la vidéo, des films, des programmes, des livres entiers… Vous pouvez en récupérer certains, les copier dans votre ordinateur. Cette opération de copie est désignée par **téléchargement**.

La légalité avant tout

Respectez la légalité et ne téléchargez pas des documents piratés (films, musique…).

Pour télécharger un clip vidéo, par exemple :

1. Rendez-vous sur le site voulu.
2. Cliquez sur le lien commandant le téléchargement. C'est soit un bouton explicite, soit encore un lien spécifique.

Le téléchargement est d'autant plus rapide que votre liaison à Internet est elle-même rapide.

Blog

Ce mot, contraction de *Web log*, site sur le Web, désigne un site Web personnel très simple que n'importe qui peut réaliser en quelques instants. Les jeunes s'en donnent à cœur joie, mais les adultes ne se laissent pas pour autant distancer. Par exemple, quel homme ou femme politique ne possède pas le sien ?

Chapitre 7

Échangez du courrier électronique

Découvrez comment...

- À quoi sert Windows
- Ouvrir votre messagerie
- Prendre connaissance d'un message reçu
- Rédiger et expédier un message
- Répondre à un message
- Joindre une photo ou un document
- Utiliser votre carnet d'adresses
- Éviter les pièges

La messagerie électronique est le service le plus utilisé sur Internet. Vous allez la découvrir et la pratiquer avec émerveillement. Elle est désignée par **courrier électronique** ou par sa contraction **courriel**, ou encore par **e-mail** (**electronic mail**, courrier électronique) à l'américaine, ou par **mail** tout court.

› Ouvrez votre messagerie

Windows Mail et **Outlook Express** sont des programmes incorporés respectivement à Windows Vista et Windows XP. Ils servent à la fois à la messagerie électronique et aux groupes de discussion :

- La **messagerie** permet de communiquer gratuitement avec des correspondants situés dans le monde entier.
- Les **groupes de discussion** (**newsgroups**, en anglais) sont des forums qui se sont souvent formés spontanément sur le Net. On y discute de tout et de rien…

E-mail

Electronic mail, courrier électronique. Un système d'échange de messages par Internet facile à utiliser, instantané et quasiment gratuit.

Courriel

La francisation de *e-mail*, courrier électronique.

Groupe de discussion

Groupe de personnes passionnées par un thème et qui en discutent à perte de vue en s'adressant des messages écrits. Il en existe sur tous les sujets possibles et imaginables.

Pour ouvrir l'un de ces programmes :

- La méthode la plus rapide consiste à cliquer sur son icône lorsqu'elle se trouve dans la barre de lancement rapide.
- Sinon, cliquez sur son raccourci placé sur le bureau, également s'il s'y trouve.

- Ou encore, cliquez sur le bouton **Démarrer → Tous les programmes → Outlook Express** avec XP, ou, avec Vista, sur **Démarrer → Tous les programmes → Windows Mai**l.

L'écran de ce programme s'ouvre soit sur sa page d'accueil, soit sur la **Boîte de réception**, soit encore sur toute autre « boîte » selon la façon dont il a été configuré. La première fois, cette boîte de réception est vide, à l'exception d'un message de bienvenue provenant de Microsoft.

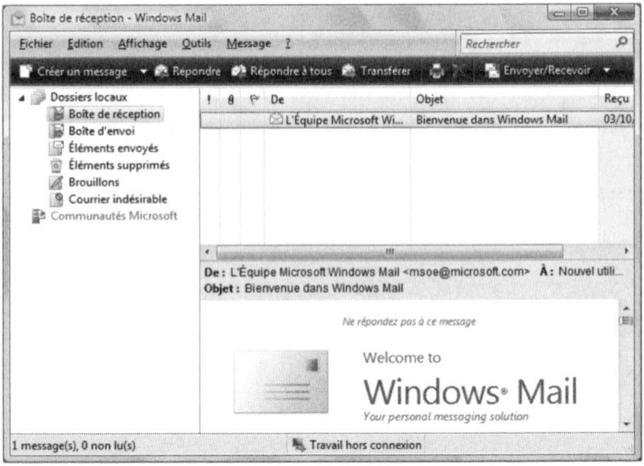

Pour afficher cette **Boîte de réception** avec Outlook Express, si elle n'apparaît pas d'emblée :

- Si vous vous trouvez dans la fenêtre d'accueil d'Outlook Express, cliquez sur le lien **Boîte de réception** dans le cadre principal.
- Dans tous les cas, dans la colonne de gauche **Dossiers**, sous **Dossiers locaux**, cliquez sur **Boîte de réception**.

Lorsque vous aurez multiplié les messages, la boîte de réception apparaîtra autrement plus garnie.

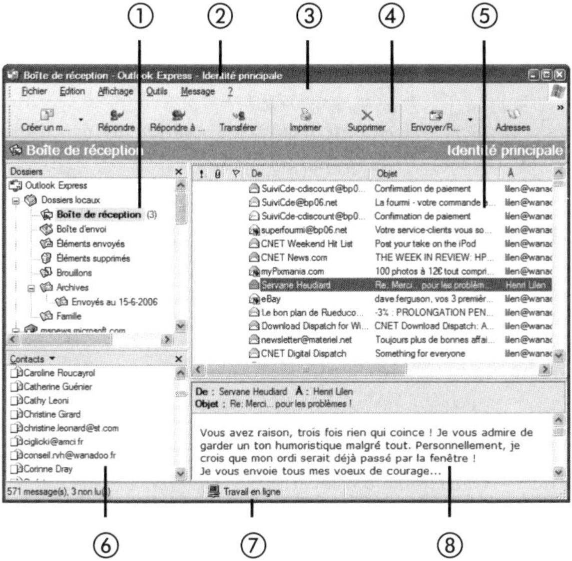

① Liste des dossiers de la messagerie
② Barre de titre
③ Barre de menus
④ Barre d'icônes
⑤ Liste des messages reçus
⑥ Liste de vos correspondants enregistrés
⑦ Barre d'état
⑧ Contenu du message reçu sélectionné au-dessus (volet de visualisation)

Si vous voulez systématiquement ouvrir la **Boîte de réception** lorsque vous lancez Outlook Express :

1 Cliquez sur le menu **Outils** d'Outlook Express, puis sur la commande **Options**.

2 Dans la boîte de dialogue **Options**, sous l'onglet **Général**, cochez la case **Au démarrage, aller directement dans le dossier Boîte de réception**.

› Découvrez les boîtes à courrier

Dans la colonne de gauche, **Dossiers**, vous avez directement accès à plusieurs types de dossiers, des boîtes à courrier :

› **Boîte de réception** : tout le courrier que vous recevez entre dans cette boîte de réception.

› **Boîte d'envoi** : vous pouvez regrouper le courrier que vous avez préparé dans cette boîte d'envoi pour l'expédier ensuite d'un coup. Une autre méthode consiste à l'ignorer et à expédier votre message sitôt qu'il est prêt.

› **Éléments envoyés** : la copie de tout le courrier que vous avez envoyé va dans cette boîte. Vous pouvez consulter son contenu et relire un ancien message.

› **Éléments supprimés** : tous les courriers inutiles que vous supprimez.

› **Brouillons** : vous n'êtes pas obligé de terminer un message et de l'envoyer aussitôt. Si certaines données vous font encore défaut, rangez-le dans cette boîte. Vous le récupérerez ultérieurement pour le compléter et l'expédier.

Cliquez pour ouvrir
Cliquez sur l'un des dossiers figurant dans cette colonne de gauche sous la rubrique **Dossiers locaux** pour l'ouvrir. Son contenu s'affiche dans le volet de droite. Vous pouvez faire glisser avec la souris un message d'un dossier dans l'autre.

Prenez connaissance d'un message reçu

La fenêtre de la **Boîte de réception** étant affichée, la liste des messages reçus apparaît dans le volet supérieur droit. Cliquez sur le titre de l'un d'eux : son contenu s'affiche dans le volet horizontal inférieur.
En même temps :

- La petite icône d'enveloppe fermée affichée à gauche du titre s'ouvre. Cela indique que vous avez pris connaissance du message.

- Son titre, qui était d'abord en gras, passe après quelques instants en maigre pour indiquer que vous avez consulté ce courrier. Même lorsqu'il est en maigre, vous pouvez toujours cliquer dessus pour le lire de nouveau.

Après avoir lu un message, vous pouvez passer au suivant de la même façon.

L'objet d'un message

Le **titre** d'un message est son **objet** (son sujet, si vous préférez). Dans la correspondance professionnelle écrite sur papier, on indique souvent, dans l'en-tête d'une lettre, son objet (par exemple, *Objet : demande d'augmentation*).

Dans le volet de gauche, celui des dossiers, vous remarquerez qu'un nombre entre parenthèses, en gras par défaut, spécifie le nombre de messages que vous n'avez pas encore lus et qui se trouvent dans la boîte correspondante.

Triez les messages

Pour trier les messages, cliquez sur l'en-tête de la colonne voulue. Par exemple, si vous cliquez sur **Reçu**, la liste des messages est triée par dates et heures de réception. Chaque clic successif sur le même en-tête inverse l'ordre de tri : ascendant ou descendant (de A à Z ou de Z à A).

› Rédigez et envoyez un message

Pour envoyer un message, rien de plus simple : cliquez sur l'icône **Créer un message**.

La fenêtre **Nouveau message** s'affiche. Son contenu spécifique est le suivant, ligne par ligne :

- **De** : préremplie, cette rubrique, lorsqu'elle apparaît, donne le nom de l'expéditeur, le vôtre par conséquent.

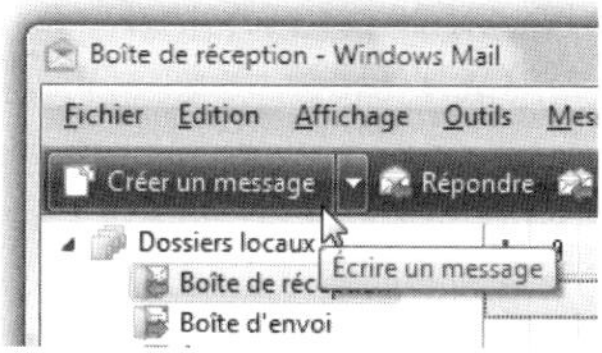

- **À** : cliquez dans cette zone de texte et tapez l'adresse de messagerie de votre correspondant, par exemple : `dupont@mondial.fr`
- **Cc** (messages : copie conforme) : pour taper des adresses supplémentaires. Ces correspondants recevront une copie du message. Le destinataire principal prendra connaissance de cette liste.
- **Cci** (messages : copie conforme invisible). Lorsqu'elle apparaît, cette rubrique sert à taper les adresses d'autres destinataires qui recevront également une copie du message, mais avec une grande différence : les autres destinataires des lignes **À** et **Cc** n'en sauront rien. Ces destinataires **Cci** restent *cachés*.

Cc et Cci

On traduit **Cc** et **Cci** respectivement par *copie conforme* et *copie conforme invisible*. En fait, Cc provient de l'anglais *Carbon Copy*, une référence au temps où l'on tapait un original et des copies sur une machine à écrire en insérant des feuilles de papier carbone entre les pages.

Si vous n'avez encore jamais pratiqué la messagerie électronique ou si vous voulez simplement vérifier que ce service fonctionne bien, le plus simple consiste à vous adresser à vous-même un message. L'expéditeur et le destinataire sont donc, dans ce cas, la même personne :

1 Dans la fenêtre d'envoi, tapez votre propre adresse de messagerie sur la ligne **À**.

2 Remplissez la seule ligne **Objet** en définissant succinctement la raison d'être profonde de ce message, par exemple `Essai`.

3 Tapez ensuite un texte dans la zone centrale.

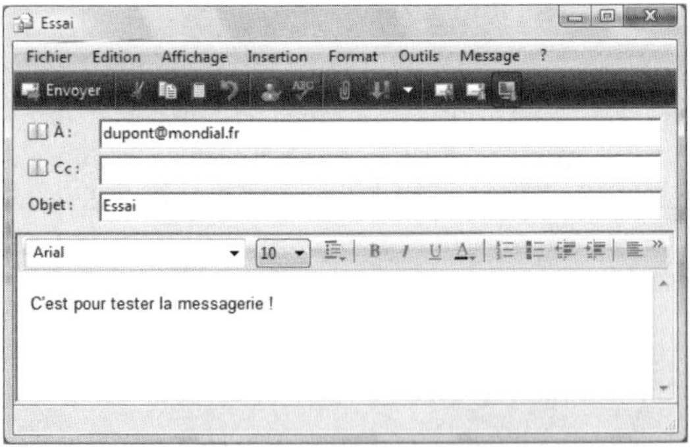

4 Cliquez sur le bouton **Envoyer**, situé dans la barre d'outils, à gauche. La fenêtre d'envoi disparaît.

Il vous reste maintenant a à vérifier que vous l'avez bien reçu en examinant le contenu de la boîte de réception.

Recevez et lisez vos messages

Vous avez rédigé et expédié un premier message qui vous était destiné. Vérifiez que vous l'avez bien reçu :

1 Vérifiez que vous êtes bien connecté.

2 Affichez la **Boîte de réception** de la messagerie.

3 Si la réception des messages n'est pas automatique, cliquez sur l'icône **Envoyer/Recevoir**.

Votre message devrait apparaître dans la liste des messages reçus : cliquez sur son titre pour afficher son contenu dans le volet de visualisation.

Répondez par retour du courrier

Une bonne habitude veut qu'on réponde aussitôt à un message reçu s'il demande une réponse :

1 Dans la **Boîte de réception**, sélectionnez le message auquel vous voulez répondre.

2 Cliquez sur l'icône **Répondre à l'expéditeur**. Une fenêtre de réponse, semblable à celle de composition d'un message, apparaît, partiellement préremplie :

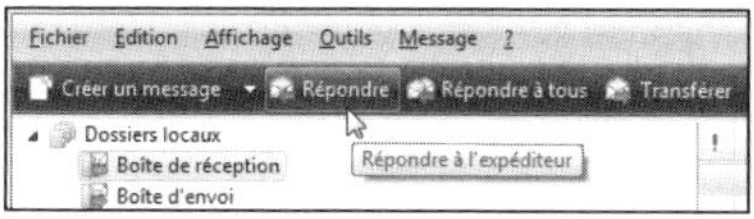

- Le programme a automatiquement repris l'adresse de l'expéditeur du message original et l'a placée sur la ligne **À**, désignant ainsi le destinataire.
- Il a repris l'objet initial, en le préfixant par les lettres **Re**, pour *réponse*.
- Il a introduit le texte complet du message original dans le volet du bas, en tant que rappel, en le titrant **Message d'origine** et en préfixant chacune de ses lignes par un trait vertical ou par tout autre symbole tel que le chevron (>). Vous pouvez supprimer ce rappel si vous le souhaitez, mais il est courant de le laisser tant qu'il reste court.

Il ne vous reste plus qu'à taper le texte de votre réponse, au point d'insertion, avant le rappel de préférence, puis à cliquer sur le bouton **Envoyer**. Vous connaissez déjà la marche à suivre pour le recevoir et en prendre connaissance.

› Faites suivre un message

Vous pouvez transmettre un message à une tierce personne :

1. Affichez le message à transférer.
2. Cliquez sur l'icône **Transférer le message**. Une fenêtre de rédaction de message s'affiche ; elle reprend le texte complet du message d'origine, avec son objet. Ce dernier est préfixé par les caractères **Fw** (de l'anglais *forward*, faire suivre).

3 Tapez l'adresse du destinataire. Tapez aussi quelques mots pour expliquer au destinataire pourquoi vous lui faites suivre un message.

4 Envoyez ce message, comme précédemment.

> Joignez une photo ou un document à votre message

Pour associer à un message une *pièce jointe* telle qu'une photo, une illustration, un morceau de musique, un document ou tout autre fichier :

1 Rédigez votre message dans la fenêtre d'envoi. Informez le destinataire que vous joignez quelque chose.

2 Dans la barre d'outils, cliquez sur l'icône représentant un trombone. Une fenêtre de sélection de fichiers apparaît.

3 Sélectionnez le fichier que vous voulez expédier en pièce jointe.

4 Cliquez sur le bouton **Joindre**. Ce fichier apparaît sur une nouvelle ligne, **Joindre**, dans la fenêtre d'envoi.

5 Cliquez sur le bouton **Envoyer**.

› Recevez une photo ou une pièce jointe

Lorsque vous recevez un message affichant en marge ou dans son titre un trombone, c'est que ce message contient une pièce jointe :

1 Ouvrez le message dans le volet de visualisation et cliquez sur le trombone qui l'accompagne dans la barre de titre du message.

2 Un petit menu s'ouvre. Cliquez sur la commande **Enregistrer les pièces jointes**.

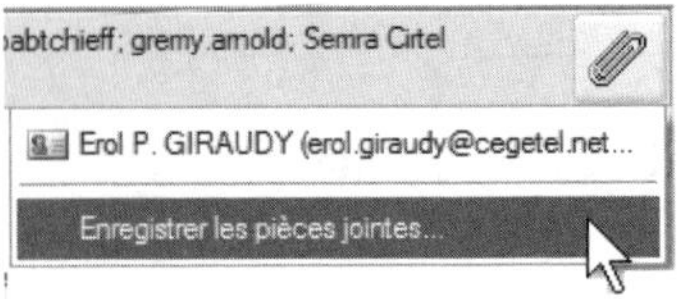

3 Dans la boîte de dialogue titrée **Enregistrez les pièces jointes**, cliquez sur le bouton **Parcourir** et choisissez un dossier cible.

4 Cliquez sur le bouton **Enregistrer**.

Dès lors, vous pouvez utiliser ce fichier comme vous le voulez, tout comme vous le faites avec n'importe quel autre document.

> Utilisez un carnet d'adresses

Un carnet d'adresses vous épargne de retaper à chaque fois l'adresse d'un correspondant dès lors qu'il existe dans ce carnet. Pour sélectionner un correspondant dans votre carnet d'adresses :

1 Ouvrez une fenêtre de préparation d'un message.

2 Cliquez sur l'icône de l'une des rubriques **À**, **Cc** ou même **Cci** représentant un carnet d'adresses.

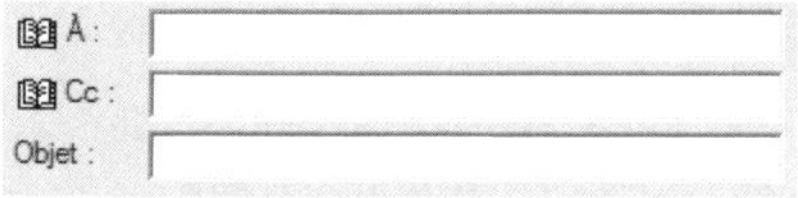

3 La boîte de dialogue listant les noms enregistrés dans le carnet d'adresses apparaît

4 Cliquez sur un nom pour le sélectionner, puis sur l'une des flèches indiquant sur quelle ligne il doit se retrouver.

5 Recommencez avec tous les noms voulus.

6 Terminez en cliquant sur **OK**.

Les noms sont automatiquement reportés dans votre message en préparation. Ils apparaissent soulignés, ce qui indique qu'ils ont été reconnus par le carnet d'adresses.

Trouvez directement le destinataire

Avec Windows XP, dans la fenêtre de la messagerie s'affiche un volet **Contacts**, en bas et à gauche. Faites défiler la liste et double-cliquez sur le nom du correspondant auquel vous voulez adresser un message.

Méfiez-vous des messages pièges

Méfiez-vous des pièges suivants avec la messagerie :

- Vous risquez vite, dès que votre adresse sera connue, de recevoir des messages non désirés vous proposant toutes sortes de pièges à gogos. Détruisez-les : cliquez sur le message et appuyez sur la touche de suppression **Suppr**.
- Certains messages non sollicités sont accompagnés d'une pièce jointe renfermant un virus ou une autre calamité de ce type. Ne l'ouvrez surtout pas, vous ouvririez la cage aux lions. Vous devez ouvrir une pièce jointe seulement si vous l'attendez et si elle est expressément mentionnée dans le texte de votre correspondant à l'aide d'une formule qui ne laisse aucun doute sur sa qualité.

Virus

Un programme parasite qui contamine votre ordinateur et peut provoquer bien des dégâts, par exemple la perte de vos données.

Et si vous échangiez des messages instantanés ?

Il existe une autre forme de messagerie que les enfants et les adolescents adorent exploiter. Une passion qu'ils tentent de faire partager aux grands-parents, lesquels sont d'ailleurs heureux de se laisser convaincre : la **messagerie instantanée**.

Avec la messagerie instantanée, vous savez toujours qui est en ligne. Si votre correspondant est en ligne, vous pouvez l'appeler et dialoguer **en direct** avec lui, cette fois par écrit mais aussi de vive voix, comme au téléphone, et toujours gratuitement. Mieux, si l'un des interlocuteurs possède une caméra vidéo, une **webcam**, l'autre pourra le voir. On parle souvent de **téléconférence** pour désigner de tels services.

Le programme de messagerie instantanée de Windows est **Windows Live Messenger**. Mettez-vous d'accord avec vos correspondants pour l'utiliser. Si vous ne le possédez pas encore, téléchargez-le et installez-le sur votre machine, puis tchattez aussi longtemps que vous le désirez, gratuitement.

Tchatter ou tchatcher
Dialoguer interminablement.

Chapitre 8

Enrichissez vos loisirs

Découvrez comment...

- Visionner des photos
- Lancer un diaporama
- Visiter des musées
- Écouter de la musique ou du MP3
- Recevoir la radio ou visionner des films ou la TV
- Profiter des meilleures lectures
- Rester au courant de tout

Les possibilités qu'offre l'ordinateur en matière de loisirs, surtout s'il est connecté à Internet, sont inépuisables. En voici quelques aspects, mais vous en découvrirez bien d'autres.

› Visionnez vos photos numériques

Vous avez enregistré des photos sur votre ordinateur. Vous les avez récupérées sur des sites Web, vous en avez reçu par e-mail, vous les avez prises avec votre appareil photo numérique (votre **APN**, comme l'on dit pour abréger) ou vous les avez scannées. Vous voulez maintenant les visionner :

Enregistrez une image Web

C'est facile d'enregistrer une image qui apparaît sur un site Web : faites un clic droit dessus, puis cliquez sur la commande **Enregistrer la photo sous** et choisissez simplement votre dossier.

---

1 Affichez l'Explorateur Windows et ouvrez le dossier contenant vos photos. On suppose que vous les avez rangées dans le dossier que Windows a prévu à cet effet, le dossier **Mes images**. Sinon, ouvrez le bon dossier.

2 Sous Windows XP, cliquez sur le menu **Affichage → Pellicule**, et sous Vista, sur **Affichage → Très grandes icônes** et agrandissez la fenêtre au maximum. Les photos apparaissent en grand.

Sous XP, les miniatures s'affichent dans la rangée horizontale du bas ; cliquez sur l'une d'elles pour la sélectionner : elle s'affiche agrandie au-dessus, occupant l'espace disponible. Vous remarquerez que la luminosité de l'écran rend souvent les photos encore plus belles.

> Lancez un diaporama

Un diaporama affiche les photos et les fait défiler à tour de rôle. Pour lancer un diaporama :

1 Dans l'Explorateur Windows, ouvrez le dossier contenant les photos, par exemple le dossier **Mes images.**

2 Si vous êtes sous Windows Vista, cliquez simplement sur la commande **Diaporama** dans la barre des commandes.

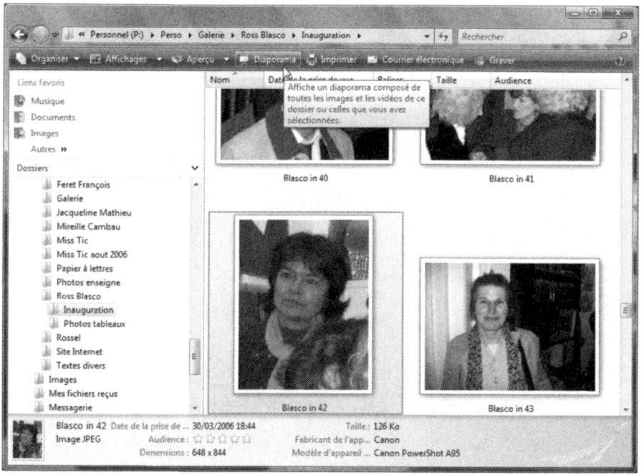

3 Sous Windows XP et si l'arborescence des dossiers s'affiche dans la colonne de gauche, ce qui est généralement le cas, dans la barre d'outils, cliquez sur l'icône **Dossiers**. La colonne de gauche liste alors non plus les dossiers mais des commandes diverses.

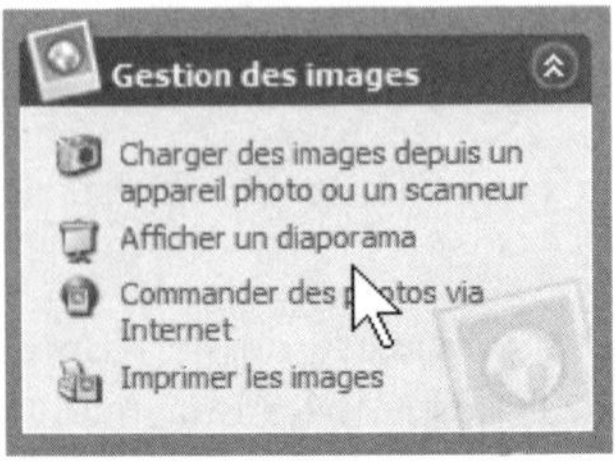

4 Sous la rubrique **Gestion des images**, cliquez sur **Afficher un diaporama**.

Vous pouvez appuyer sur les touches fléchées pour faire défiler les images à votre gré. Appuyez sur la touche **Echap** pour stopper le diaporama.

› Visitez des musées

Tous les grands musées du monde ont leur site Web. Leur visite est souvent passionnante. Par exemple, le musée du Louvre, à Paris, a pour adresse :
`http://www.louvre.fr/`

Le Metropolitan Museum of Art de New-York est à :
`http://www.insecula.com/musee/M0024.html`

L'Ermitage de Saint-Pétersbourg est à :
`http://www.hermitagemuseum.org/`

Lancez une recherche comme vous avez appris à la faire pour découvrir les autres. Souvent, une visite virtuelle vous sera offerte. Profitez-en !

> Écoutez des CD audio

Votre ordinateur dispose très certainement d'un lecteur de CD. Introduisez un CD musical du commerce dans ce lecteur : la musique démarre après quelques instants, automatiquement. Certains trouvent cette faculté très agréable car ils aiment travailler en musique tout en continuant à surfer sur le Web ou à faire n'importe quoi d'autre.

Si la musique ne démarre pas et si, en revanche, une boîte de dialogue s'affiche pour vous demander ce que vous voulez faire, choisissez **Lire un CD audio**. Profitez-en pour cocher la case **Toujours faire ceci pour CD audio** pour ne plus voir cette boîte de dialogue apparaître.

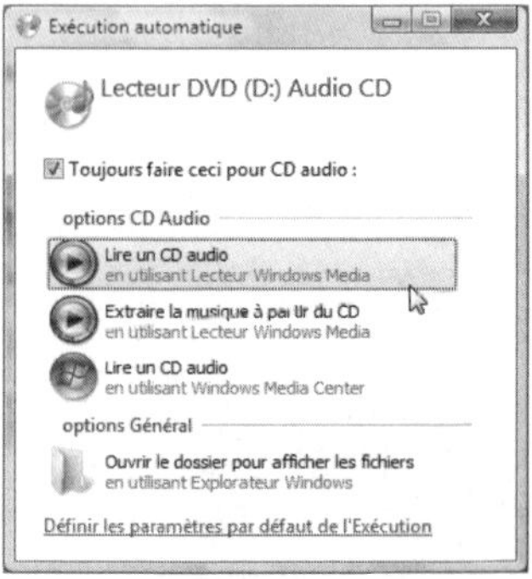

Vous verrez alors s'afficher une fenêtre spéciale telle que celle du **Lecteur Windows Media**. Tout en bas, vous disposez de touches de commande ressemblant à celles d'un lecteur de CD de salon. Vous pouvez travailler sur autre chose tout en continuant à écouter la musique.

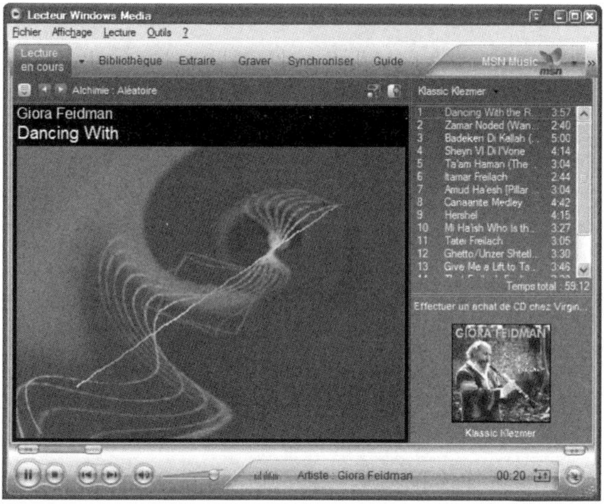

› Écoutez de la musique MP3

Une autre façon d'écouter de la musique consiste à la télécharger depuis Internet sur votre ordinateur. De là, vous pouvez la jouer ou encore la transférer sur votre baladeur.

Pour que le téléchargement soit plus rapide, la musique est compressée à l'expédition, puis décompressée à la lecture. Pour compresser de la musique, ou n'importe quel autre fichier, d'ailleurs, il suffit d'en retirer tout ce qui est inutile ou redondant. Le résultat : dans le même espace de stockage, par exemple dans le même CD où l'on peut loger une quinzaine de morceaux de musique non compressée, on parvient à en mettre plus d'une centaine.

Or, il existe plusieurs formats de compression. Le plus populaire est le **MP3**, un sigle provenant de l'expression compliquée *Motion Picture Experts Group, Audio Layer 3*. Curieusement, ce nom a été également adopté pour désigner le baladeur qui l'exploite. Au lieu de parler d'un baladeur, on dit « un MP3 ». Mais aucune confusion n'est possible…

› Regardez des films à l'écran

Très exactement de la même façon, si vous disposez d'un lecteur de DVD sur votre machine, ce qui est la règle actuellement, vous pouvez y insérer un DVD du commerce.

Si le film ne démarre pas automatiquement mais si, en revanche, une boîte de dialogue s'affiche pour vous demander ce que vous voulez faire, choisissez **Lire un DVD vidéo**. Profitez-en pour cocher la case **Toujours effectuer l'action suivante** pour ne plus voir cette boîte de dialogue.

De nouveau, un lecteur spécialisé tel que le **Lecteur Windows Media** s'affiche, vous permettant de piloter le film avec les touches de type magnétoscope. Cliquez sur la touche de démarrage pour lancer le film.

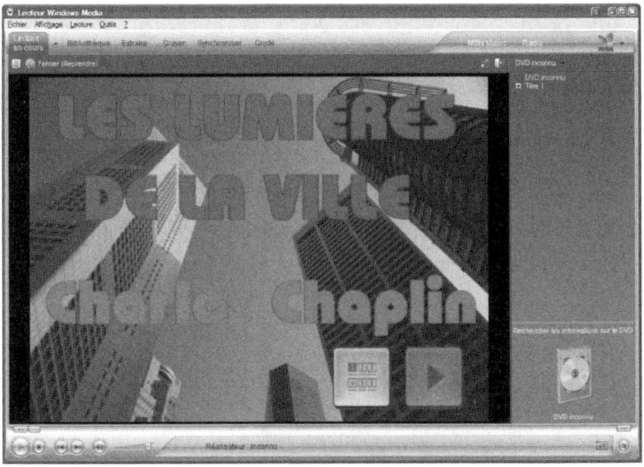

> Écoutez la radio

De très nombreuses radio émettent en direct sur le Web. Vous pouvez donc vous y connecter. Une autre méthode très sympathique et fiable consiste, si votre version de Windows est **Windows Media Center**, à vous brancher directement sur la radio sans passer par Internet. Branchez une antenne simple intérieure ou extérieure à l'entrée d'antenne qui se trouve généralement à l'arrière de votre ordinateur, puis :

1 Ouvrez le programme **Windows Media Center**.

2 Cliquez sur le bouton **Radio**.

3 Vous pouvez chercher des stations de radio, cliquer sur l'une d'elles pour l'écouter, cliquer sur le bouton **Enregistrer** pour l'enregistrer, *etc.*

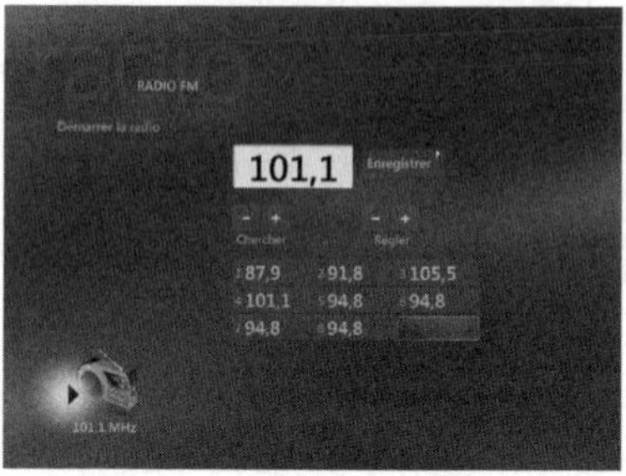

› Demandez le programme

Vous préparez une sortie au cinéma, au théâtre, dans un musée ou une exposition ? Connectez-vous sur le site correspondant pour trouver toutes les informations sur les horaires, les titres, les moyens d'accès, ou bien consultez des sites généralistes tels que :

`http://www.1000films.fr/`

`http://www.telerama.fr/`

`http://www.paris-premiere.fr/`

Regardez les chaînes de télévision

L'écran d'un ordinateur est généralement plus petit que celui d'un poste de télévision, mais il permet quand même de servir de TV d'appoint ou de remplacement (en voyage et avec un portable). Toutefois, pour recevoir les chaînes télé, il faut, au choix :

- que vous ayez souscrit un abonnement auprès de votre fournisseur d'accès Internet vous donnant accès à la télévision ;
- que vous ayez connecté un dispositif complémentaire appelé **tuner** à votre ordinateur.

Le tuner se présente soit sous la forme d'une carte électronique à installer dans un ordinateur de bureau, soit comme un boîtier externe, soit tout simplement sous la forme d'une clé USB. Si vous recevez la télévision numérique terrestre (TNT), nous vous conseillons d'adopter une simple clé tuner USB TNT que vous connecterez à un accès USB de votre machine. C'est on ne peut plus facile et c'est parfait avec un portable, y compris en déplacement.

Bien sûr, vous devrez connecter une antenne télé à ce dispositif mais, avec la TNT, une petite antenne fouet suffit généralement. Sinon, il vous faudra soit une antenne intérieure amplifiée, soit vous brancher sur l'antenne extérieure du toit.

Si vous disposez de **Windows Media Center**, vous pourrez aussi regarder les chaînes télé en direct en lançant le programme **Media Center**, comme avec la radio. Il vous suffira de choisir **Ma TV** et de cliquer sur le poste de télévision. Là encore, vous devrez disposer d'une bonne antenne connectée à votre ordinateur et il vous aura fallu, au préalable, que vous sélectionniez et installiez les chaînes. Le résultat est fascinant.

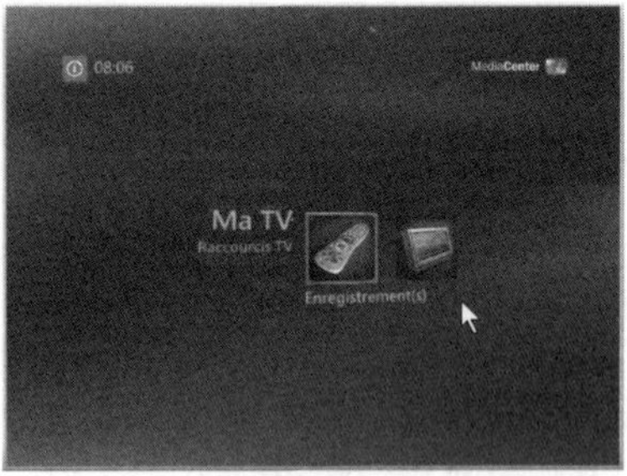

› Vos meilleures lectures

Ce sont des millions de documents écrits que vous pouvez consulter sur Internet et, parmi eux, des livres partiels ou complets. En effet, les grandes bibliothèques du monde, des éditeurs et des services particuliers comme Google ont commencé à numériser les livres, ce qui donne accès à la culture.

C'est le cas de la Bibliothèque nationale de France (BnF) qui a créé le service **Gallica**, une offre numérique impressionnante (la richesse du fonds est extraordinaire) destinée au public distant. Plus de 100 000 titres ont été numérisés à ce jour. Consultez :
`http://gallica.bnf.fr/`

Soyez patient quand vous naviguez sur ce site et sachez que tout est encore loin d'être numérisé.

> Tous sportifs

Si vous êtes sportif, vous trouverez des milliers de sites Internet traitant de votre sport préféré, par exemple :

- Un site généraliste : `http://www.sports.fr/`
- Fédération française de football : `http://www.fff.fr/`
- Courses automobiles : `http://www.top-annuaire.com/courses-automobiles-rallyes-ue142.html`
- Fédération française de judo : `http://www.judomagazine.com/`
- Fédération française de cyclisme : `http://www.ffc.fr/`

› Bricolez

Le bricolage est devenu un sport national, de plus en plus pratiqué par les femmes, d'ailleurs. Vous trouverez de nombreux sites Internet consacrés à ce domaine :

- Des sites généralistes :
  - Monsieur Bricolage : http://www.mr-bricolage.fr/
  - Castorama : http://www.castorama.fr/
  - Leroy-Merlin : http://www.leroymerlin.fr
- L'aménagement de la maison avec Lapeyre : http://www.lapeyre.fr
- Poser un parquet : http://www.ideesmaison.com/brico/sol/flot.htm
- Installations électriques : http://www.legrand.fr/
- Poser une étagère : http://www.bricomarche.com/bricomarche/projets/
- Installer une machine à laver : http://www.mr-bricolage.fr/modules/espconseil/fiches_conseils/Mb4-03.htm

chapitre 9

Achetez sur le Web au meilleur prix

Découvrez comment...

- Acheter en comparant les meilleurs prix
- Rendre visite à votre magasin préféré
- Payer vos achats en toute sécurité
- Préparer vos voyages et vos vacances

Oui, vous pouvez acheter, mais aussi vendre sur Internet et en profiter pour vous enrichir. Si vous achetez, vous pouvez le faire dans les meilleures conditions possible et au meilleur prix.

› Sachez comparer les prix

Sur Internet, vous n'avez nul besoin de vous déplacer, de prendre le train ou l'avion pour savoir ou se trouve le magasin le moins cher : Paris, Marseille, Londres, Amsterdam... Consultez tout bonnement les sites spécialisés dans les comparaisons de prix (ils se payent sur la publicité qu'ils reçoivent).

Il en existe de très nombreux, aussi bien généralistes que spécialisés (voir les exemples des sections suivantes). Rendez-leur visite, pointez le matériel exact qui vous intéresse et comparez les prix qu'ils vous présentent. Ils indiquent dans quels magasins vous trouverez ces articles. Si vous commandez par correspondance, vous devrez généralement ajouter les frais de port.

Voici deux exemples de sites généralistes :

- Kelkoo : `http://fr.kelkoo.com/`
- Monsieur Prix : `http://www.monsieurprix.com/`

Pas de confiance aveugle
Ces sites, vivant de la publicité, sont parfois tentés de favoriser leurs annonceurs. Consultez-en plusieurs et croisez leurs propositions.

Informatique et multimédia

- Best of micro : `http://www.bestofmicro.com/`
- Clubic : `http://www.clubic.com/`
- Comparer : `http://www.comparer.com/`
- France Hardware : `http://www.france-hardware.com/`
- I-comparateur : `http://www.i-comparateur.com/`
- Info moins cher : `http://www.infomoinscher.net/`
- Prix du Net : `http://www.prixdunet.com/`

Électroménager

- Comparer : `http://www.comparer.com/`
- Tous les prix : `http://www.touslesprix.com/maison.asp`

Automobile

- Autoplanet : `http://www.autoplanet.fr/`
- Autovalley : `http://www.autovalley.fr/`

› Rendez directement visite à votre magasin préféré

À partir des comparateurs, vous rendez visite au magasin qui vous intéresse. Mais vous pouvez tout aussi bien visiter n'importe quel grand magasin ou distributeur puisque tous possèdent désormais leur site Internet. De nouveau, lancez une recherche sur leur nom pour trouver leur adresse. Par exemple :

› La Redoute a pour adresse :
`http://www.laredoute.fr/`

- Renault est présent à : `http://www.renault.fr/index_fr.html`

Pour acheter des CD et des DVD vierges, et pour le matériel informatique en général :

- Rue du Commerce : `http://www.rueducommerce.fr/home/index.htm`
- AnyDisk : `http://www.anydisc.com/boutique/liste_rayons.cfm?co`

› Comment acheter sur Internet en toute sécurité

La sécurité, lorsque vous commandez en ligne, est réelle, mais à la condition de traiter avec des commerçants connus offrant toute garantie. S'il s'agit d'un vendeur situé dans le paradis fiscal d'une île lointaine, vous n'aurez aucun recours en cas d'escroquerie. Par conséquent :

- Traitez avec des sociétés ayant pignon sur rue.
- Vous pouvez vérifier si cette société est inscrite dans un organisme professionnel reconnu et éprouvé ou si elle est garantie par un organisme indépendant.
- Le vendeur doit clairement afficher ses coordonnées, son adresse réelle et son numéro de téléphone. Même si c'est le cas, restez attentif : une escroquerie récente, qui a fait long feu, provenait d'une société indiquant être localisée à Brest. En réalité, il s'agissait de Brest-Litovsk, en Biélorussie.
- Méfiez-vous aussi, surtout en informatique, des logiciels piratés vendus à bas prix. Ne les achetez pas car, outre le fait que c'est illégal, vous irez au devant de mauvaises surprises (par exemple, vous recevrez un logiciel en anglais).
- Imprimez votre commande pour vérifier la conformité de l'objet à sa réception. Copiez aussi la garantie et ses conditions.

- Lors du règlement, assurez-vous que vous passez par un site sécurisé, signalé par un petit verrou fermé qui s'implante dans la barre d'état de votre navigateur. C'est toujours le cas avec les sociétés connues.

Pour commander sur un site, laissez-vous simplement guider par les écrans. Soyez assuré que le vendeur a tout fait pour vous faciliter l'opération…

Chapitre 10

Jouez en solitaire ou sur Internet

Découvrez comment...

- Jouer en solitaire sans être connecté
- Se connecter pour jouer
- Télécharger des jeux gratuits
- Vous connecter à des sites spécialisés

Pourquoi jouer ? Mais pour se distraire ou pour marquer une simple pause ! Et puis, pour les débutants, c'est une bonne manière de se familiariser avec l'ordinateur.

› Jouez en solitaire avec Windows

Si vous débutez avec l'ordinateur, n'hésitez pas à jouer avec la machine. Windows vous y aide puisque ce système d'exploitation offre une petite collection de jeux, certains pour jouer en solitaire et d'autres pour jouer en ligne *via* Internet.

Pour les découvrir, cliquez sur le bouton **Démarrer → Tous les programmes → Jeux**. Sous Vista, cliquez sur **Démarrer → Jeux**. La liste des jeux apparaît. Cliquez sur celui que vous voulez lancer.

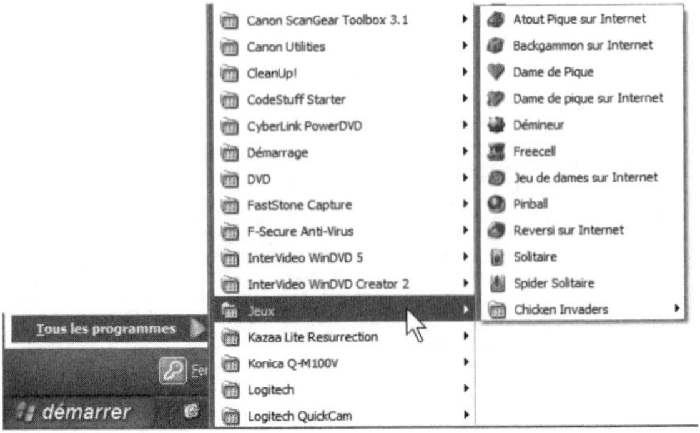

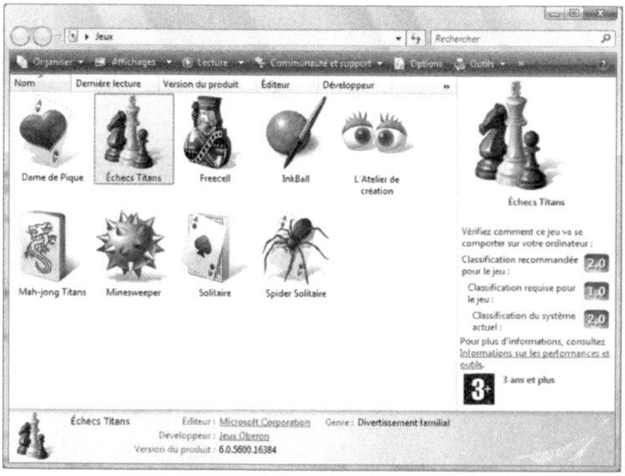

Nous vous conseillons d'expérimenter les jeux sans vous connecter. Il s'agit généralement de jeux agréables et non violents, faisant appel à la réflexion. Vous entretiendrez ainsi vos cellules grises.

> Connectez-vous pour jouer

Une petite collection des jeux de Windows XP s'exercent *via* Internet. Vous jouerez contre des adversaires de votre force : vous devrez avoir indiqué votre niveau auparavant (débutant, moyen, expert). Microsoft se chargera de vous mettre en relation.

La procédure est semblable à la précédente, mais vous devez vous connecter au préalable. Cliquez ensuite sur le jeu en ligne de votre choix. Vous pouvez même échanger des messages écrits avec votre partenaire si vous parlez la même langue.

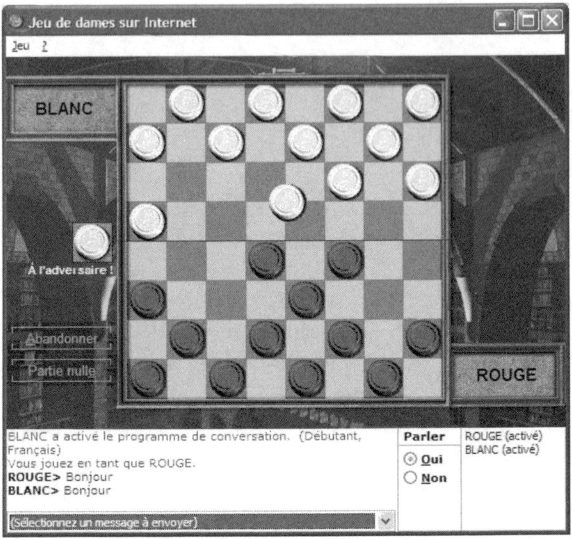

› Téléchargez des jeux

Cette collection de jeux pourra vous paraître insuffisante. Dans ce cas, téléchargez les jeux de votre choix. C'est souvent gratuit. En lançant une recherche sur le Web, vous en trouverez des quantités, des amusants, des passionnants ou des surprenants.

Par exemple, vous pouvez télécharger un excellent jeu de Sudoku depuis le site :
http://angusj.com/sudoku/

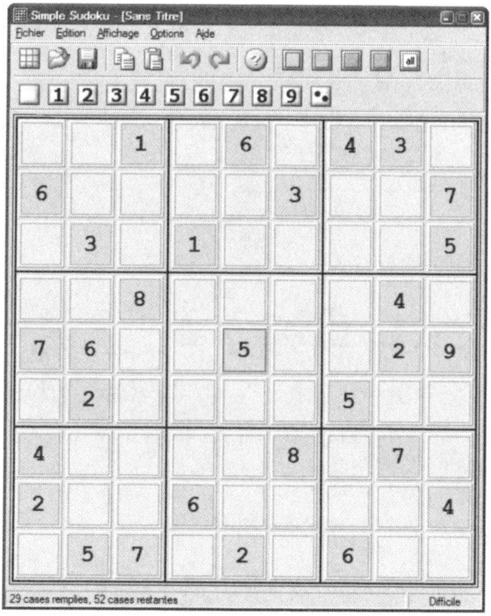

Connectez-vous à des sites de jeux

Une autre méthode consiste à se connecter à des sites de jeux spécialisés. Par exemple :
http://www.tv-reveil.com/

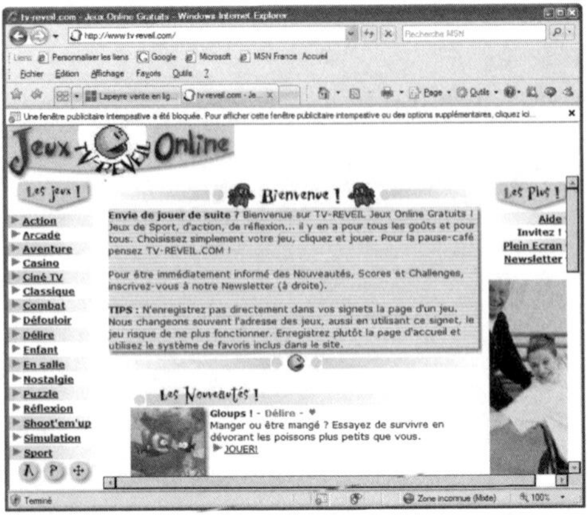

Microsoft a son propre site de jeux. Vous le découvrirez à l'adresse : `http://www.microsoft.com/france/jeux/default.asp`

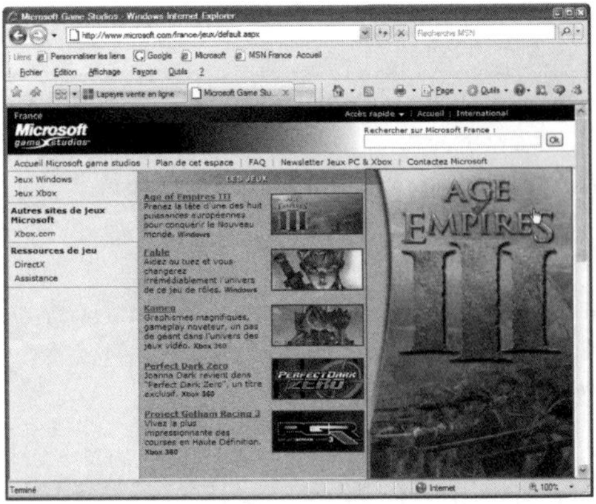

Voici quelques autres sites à visiter :

- 900 jeux en ligne avec accès gratuit et sans inscription : `http://www.flash-games.net`

- Jouez à la pétanque : `http://trankila.free.fr`

- Pour les amateurs de mots croisés ou de grilles diverses : `http://cruciverbiste.com`

- Mots fléchés, anagrammes, *etc.* : `http://www.gator.fr`

- 3000 jeux gratuits : `http://www.zebest-3000.com/`

Amusez-vous bien !

Chapitre 11

Écrivez, calculez et publiez

Découvrez comment...

- Choisir vos programmes
- Rédiger sans aucun programme supplémentaire
- Écrire avec un vrai traitement de texte
- Créer un carnet d'adresses complet
- Gérer les comptes du ménage
- Lancer des invitations

Vous voulez rédiger une lettre et l'imprimer sur papier, préparer un rapport, écrire un livre ? Vous tenez à jour les comptes du ménage, le tableau de fréquentation de votre club ou des statistiques diverses ? Voyez comme c'est simple !

› Choisissez vos programmes

Les éditeurs de logiciels ont pris l'habitude de proposer sous le nom de **suite** ou d'**office** non pas un seul programme de bureautique particulier, mais une collection complète : un traitement de texte pour rédiger, un tableur pour créer des tableaux de chiffres, une base de données, *etc.*

Base de données

Un programme servant à réaliser et à gérer des fichiers, comme un carnet d'adresses, mais avec des caractéristiques très puissantes.

La plus répandue est la collection **Microsoft Office**. Prix type : 500 euros. Elle regroupe une demi-douzaine de programmes. Le plus célèbre d'entre eux est le traitement de texte appelé **Word**.

Microsoft a décliné cette collection dans une suite plus limitée et moins chère, **Works**, pour quelque 100 euros. Elle se trouve souvent préinstallée sur l'ordinateur neuf.

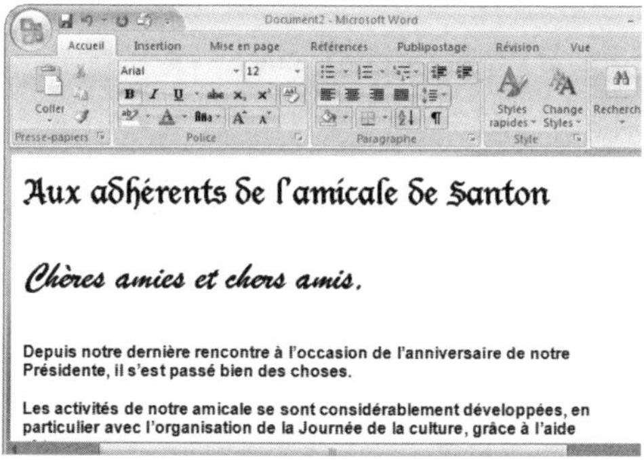

Il en existe toutefois plusieurs autres sur le marché, par exemple la collection **OpenOffice.org** qui se dresse en concurrente directe de Microsoft Office : son avantage principal réside dans le fait qu'elle est totalement gratuite et libre d'accès. Vous pouvez la télécharger depuis le site : `http://fr.openoffice.org/`

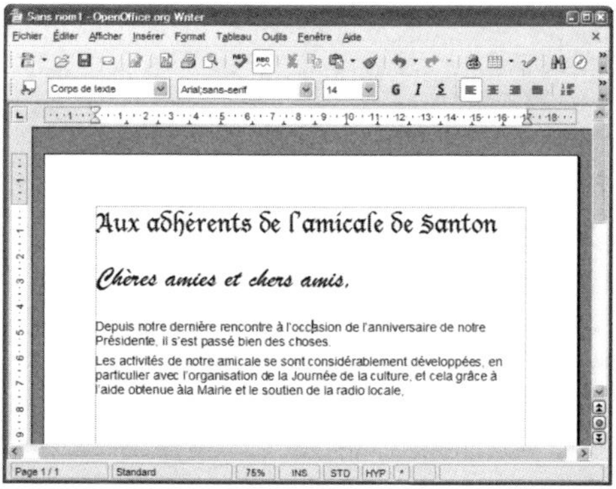

› Rédigez avec Windows

Si vos ambitions sont modestes, vous pouvez très bien vous passer de tout traitement de texte pour rédiger. Windows, dans son infinie bonté, vous en donne la possibilité grâce à deux options : le **Bloc-notes** et **WordPad**, deux petits programmes contenus dans les **Accessoires**.

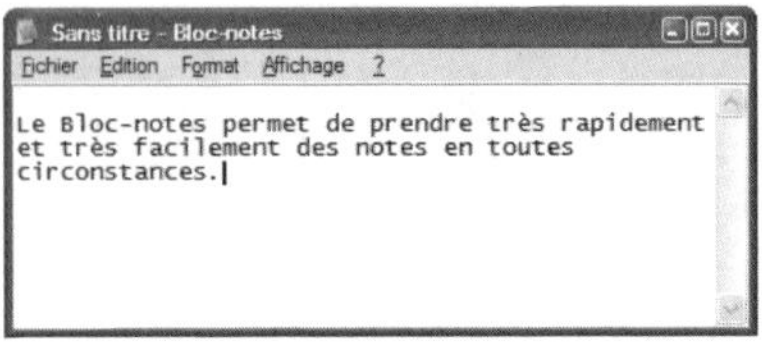

Pour ouvrir l'un ou l'autre, cliquez sur le bouton **Démarrer → Tous les programmes → Accessoires**, puis sur **Bloc-notes** ou sur **WordPad** :

- **Bloc-notes** : c'est le plus simple des programmes pour rédiger. Il ne permet aucune fioriture, mais il est très rapide et pratique pour prendre des notes, par exemple.
- **WordPad** : c'est un véritable petit traitement de texte, dérivé de son grand frère Word. Il n'en a pas la puissance, mais il pourra très souvent suffire.

Si vous observez la fenêtre de WordPad, vous trouvez l'essentiel des éléments présents dans nombre de traitements de texte : une barre de titre, une barre de menus, une barre d'outils, une barre servant à mettre le texte en forme, un cadre central dans lequel vous tapez votre texte, des barres de défilement, *etc.*

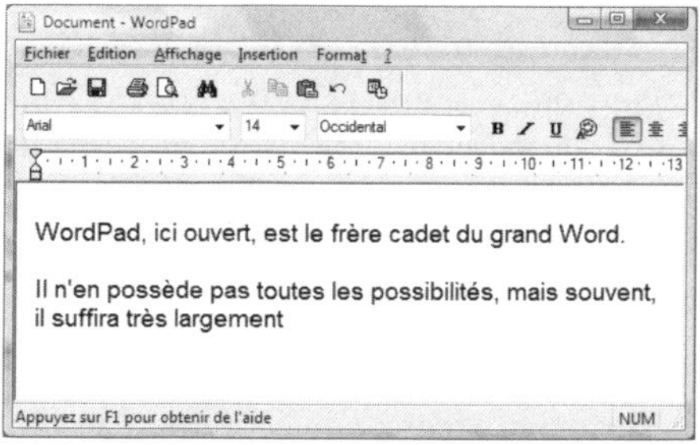

> Utilisez un vrai traitement de texte

Rédiger du texte avec un vrai programme de traitement de texte tel que WordPad ou Word est extrêmement facile. Il suffit d'ouvrir le programme et de commencer à taper...

Traitement de texte

Programme servant à rédiger toutes sortes de textes, à leur conférer une excellente présentation, puis à les imprimer.

Si vous ne l'avez encore jamais fait, retenez ces quelques petites choses :

- Ne vous préoccupez pas des retours à la ligne : le programme s'en charge pour vous.
- Par conséquent, n'appuyez sur la touche **Entrée** que si vous voulez créer un nouveau paragraphe.

- Les réglages par défaut des traitements de texte conviennent généralement pour la plupart des documents courants. Par exemple, ils supposent que vous imprimerez sur des pages de papier au format commercial usuel, le format 21 × 29,7 cm appelé format A4, et ils ajustent les marges en conséquence.

En utilisant le traitement de texte, vous remarquerez que des mots se soulignent d'un trait ondulé, souvent rouge, parfois vert (avec Word), quand vous les tapez. Le programme manifeste ainsi son désaccord avec votre orthographe et vous incite à la corriger, en vous aidant.

Lorsqu'un mot est ainsi souligné, faites un clic droit dessus. Une petite fenêtre s'ouvre avec différentes options et, en particulier, une ou plusieurs propositions de correction. Cliquez sur celle qui vous convient pour que la correction s'effectue automatiquement dans votre texte.

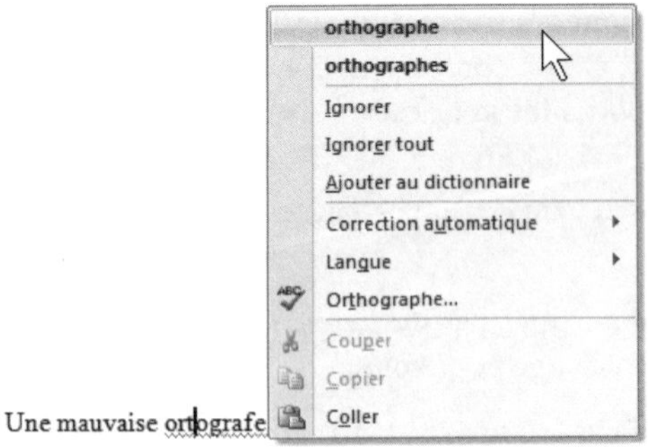

Choisissez vos caractères pour marquer votre originalité

Vous pouvez choisir la forme générale des caractères – leur taille, leurs attributs (romain, italique, gras, souligné…) –, ce qu'on désigne par **police** :

- Sélectionnez ce que vous entendez modifier. Les modifications ne s'appliqueront alors qu'à cette sélection.
- Ou encore positionnez le point d'insertion dans votre page, puis définissez les modifications. Elles ne s'appliqueront qu'au texte que vous taperez depuis ce point d'insertion.

L'art de sélectionner

Pour sélectionner du texte avec Word et quelques autres programmes, vous disposez de plusieurs méthodes dont voici les principales :

- Maintenez le bouton de la souris enfoncé et balayez le texte à sélectionner. Il change de couleur.
- Double-cliquez sur un mot pour le sélectionner.
- Triple-cliquez sur un paragraphe pour le sélectionner en totalité.
- Positionnez le point d'insertion au début de la sélection à effectuer et appuyez sur la touche **Majuscule**. Maintenez-la enfoncée et appuyez sur les touches fléchées du clavier pour développer la sélection.

Pour supprimer une sélection, cliquez en dehors.

Changez de famille de caractères et de taille

Changer la forme générale des caractères consiste à changer de police. Dans tous les grands traitements de texte figure une liste déroulante regroupant les polices installées sur votre ordinateur. Cliquez sur la flèche en regard, puis sur la police de votre choix.

Pour modifier la taille des caractères, utilisez la deuxième liste déroulante placée à droite de celle des polices, puis cliquez sur la taille voulue. Cette taille ne se mesure pas en millimètres, mais en **points typographiques** par respect des traditions de l'imprimerie. Plutôt que de vous livrer à de vains calculs, procédez à quelques essais de tailles. Par exemple, les tailles 10, 11 ou 12 correspondent à un texte courant alors qu'un titre adopte généralement au minimum une taille 18.

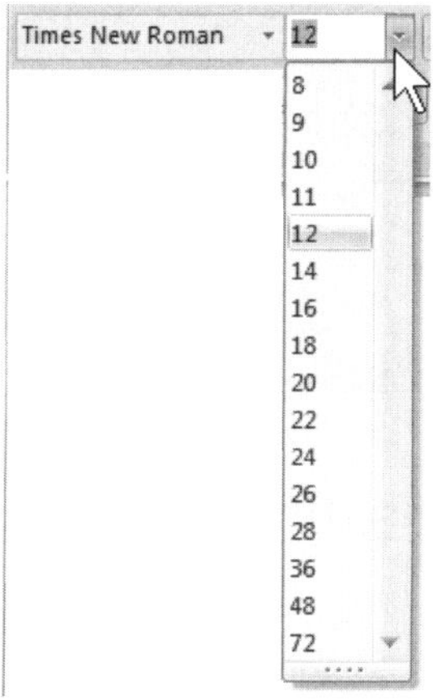

Choisissez les attributs

Les caractères apparaissent par défaut en romain (droits et maigres), mais vous pouvez les mettre en italique, en gras, les souligner et, selon votre traitement de texte, leur conférer encore d'autres transformations (par exemple, les surligner comme avec un marqueur ou les barrer).

Là encore, servez-vous des icônes qui figurent généralement dans les barres d'outils :

1 Sélectionnez le texte que vous voulez modifier.

2 Cliquez sur l'icône correspondante.

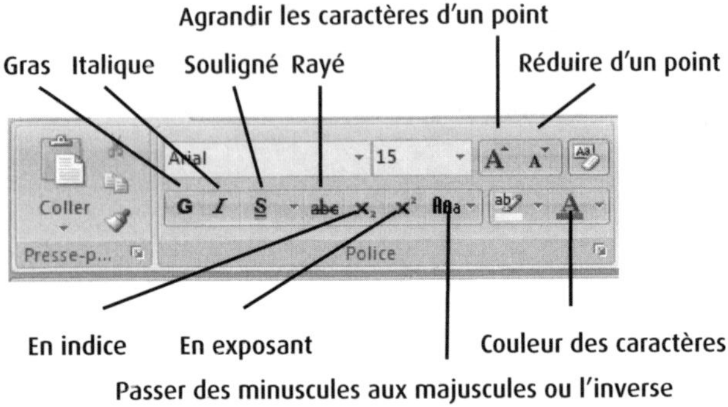

› Barres d'outils et rubans dans Office 2007

Tous les programmes ou presque disposent de barres d'outils. C'est très pratique, car il suffit de cliquer sur l'une de leurs icônes pour déclencher son action. Microsoft a toutefois innové en lançant, fin 2006, sa suite Office 2007 qui introduit des onglets et des rubans de commandes.

Chaque onglet pilote un ruban différent. Cliquez sur un onglet pour l'observer. Chaque ruban, à son tour, regroupe des commandes partageant une même vocation.

La barre des onglets

Ici, le ruban Accueil est actif

Utilisez une calculette toujours disponible

Vous avez besoin d'effectuer quelques petits calculs ? Inutile de recourir aux grands moyens ou aux petits, un crayon et un papier : il suffit d'appeler la calculette de Windows :

1 Cliquez sur **Démarrer → Tous les programmes → Accessoires**.

2 Dans la liste des accessoires, cliquez sur **Calculatrice**. La calculatrice de Windows apparaît.

Utilisez-la comme n'importe quelle calculatrice de poche en cliquant sur ses touches. Si vous êtes féru de mathématiques, vous pouvez la développer pour en faire une machine à calculer autrement savante : cliquez sur son menu **Affichage**, puis sur la commande **Scientifique**.

› Créez un carnet d'adresses

Vous avez besoin d'un carnet d'adresses particulier, avec des rubriques qui vous sont propres. Une bonne méthode pour le réaliser consiste à faire appel à un tableur. Un tableur sert, comme son nom l'indique, à réaliser des tableaux contenant toutes sortes d'éléments, des calculs ou tout simplement une liste d'adresses.

Tableur

Programme spécialisé servant à réaliser des tableaux de données diverses, incluant généralement des calculs, et permettant de les transformer en graphiques.

Il existe de nombreux tableurs, mais celui qui domine le marché est Excel. Il appartient à la suite Microsoft Office. Quel que soit celui que vous utiliserez, d'ailleurs, la création d'une liste d'adresses s'effectue très exactement de la même façon. Prenons alors pour exemple Excel :

1 Ouvrez Excel en cliquant sur **Démarrer → Tous les programmes → Microsoft Office → Excel**. La fenêtre d'Excel s'affiche avec sa grille centrale.

Grille

La grille d'un tableur ressemble à celle d'une grille de mots croisés ou à un damier. Les colonnes sont repérées par les lettres de l'alphabet et les lignes sont numérotées. Ainsi, la première cellule, en haut et à gauche, peut être désignée par **A1**, du nom **A** de sa colonne et du **1** pour sa rangée.

---

2 Pour entrer dans une cellule, cliquez dessus. Sur la première ligne et dans les colonnes successives, tapez des en-têtes, par exemple `Titre`, `Nom`, `Prénom`, `Adresse`, `Code postal`, `Ville`, `Anniversaire`, `Téléphone fixe`, `Mobile`, `Adresse Internet`, *etc.*

3 En dessous, remplissez les lignes suivantes en entrant les données correspondantes. C'est tout !

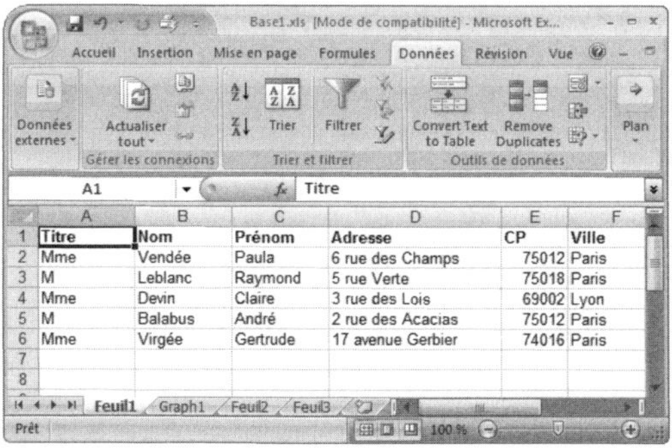

4 Si vous voulez classer les noms par ordre alphabétique, ce qui est souhaitable, cliquez sur une cellule quelconque de la colonne servant de base au tri, puis cliquez sur l'onglet **Données** et sur l'icône **Trier**.

En vous familiarisant avec Excel, vous découvrirez qu'il peut vous rendre bien d'autres services. Non seulement il sait trier, mais il permet de lancer une recherche ou d'extraire des données répondant à certains critères.

› Gérez vos finances

Excel sert surtout de tableur, c'est-à-dire que ses pages constituent autant de **feuilles de calcul**. À ce titre, il permet de gérer un budget familial, par exemple.

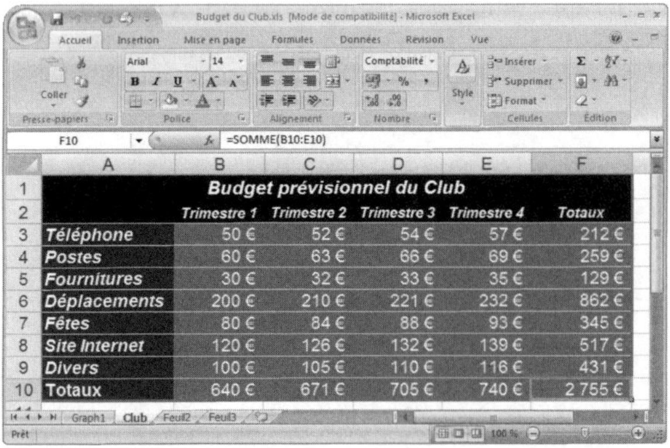

	Budget prévisionnel du Club				
	Trimestre 1	Trimestre 2	Trimestre 3	Trimestre 4	Totaux
Téléphone	50 €	52 €	54 €	57 €	212 €
Postes	60 €	63 €	66 €	69 €	259 €
Fournitures	30 €	32 €	33 €	35 €	129 €
Déplacements	200 €	210 €	221 €	232 €	862 €
Fêtes	80 €	84 €	88 €	93 €	345 €
Site Internet	120 €	126 €	132 €	139 €	517 €
Divers	100 €	105 €	110 €	116 €	431 €
Totaux	640 €	671 €	705 €	740 €	2 755 €

Invitez à la fête

Toujours dans la collection des programmes Microsoft Office figure un logiciel génial, capable de transformer en artiste l'utilisateur le plus maladroit. Il s'agit de **Publisher**.

Si vous voulez envoyer une belle invitation pour un anniversaire, préparer un calendrier sur mesure, imprimer des cartes de visite, n'hésitez pas à faire appel à ses services.

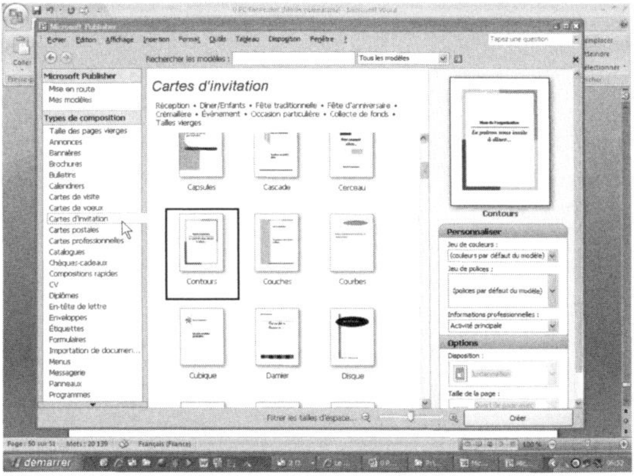

Son emploi est des plus simples car il propose d'emblée une collection de modèles prêts à l'emploi sur de multiples thèmes. Choisissez l'un d'eux, par exemple un carton d'invitation ; il contient déjà tout ce qu'il faut ; modifiez simplement son texte pour l'adapter à votre situation et imprimez-le. Vous constaterez l'effet spectaculaire que cela produira sur vos invités destinataires.

Chapitre 12

Imprimez sans mauvaise surprise

Découvrez comment...

- Utiliser les cartouches d'encre
- Imprimer depuis un traitement de texte
- Imprimer des photos

Vous devez choisir et acquérir une imprimante pour imprimer du texte ou vos meilleures photos. Rien de plus facile.

› Sachez choisir votre imprimante

Les imprimantes les plus courantes sont les imprimantes à jet d'encre ou à bulles d'encre. Elles projettent l'encre sur le papier *via* des buses minuscules. Leur prix varie entre 60 euros et 200 euros en fonction de leurs caractéristiques.

L'imprimante d'entrée de gamme convient généralement pour toutes les applications bureautiques, y compris pour l'impression de photos. Si vous recherchez la plus haute qualité ou des performances spéciales (par exemple, une plus grande rapidité ou la possibilité d'imprimer des photos en utilisant quatre couleurs au lieu de trois), vous devrez acquérir un modèle supérieur.

Le prix des consommables

Ce n'est pas tant l'imprimante qui risque de grever votre budget que les consommables qu'elle oblige à acheter. Les imprimantes consomment de l'encre ; or, les cartouches de rechange sont relativement chères. Si vous imprimez des photos, vous utiliserez de préférence du papier photo spécial assez onéreux, lui aussi.

L'encre se présente en cartouches

L'encre se présente en cartouches. Selon le type de l'imprimante, vous utiliserez :

- Une cartouche pour l'encre noire.

- Une cartouche supplémentaire pour la couleur regroupant les trois couleurs de base : jaune, cyan (un bleu-vert) et magenta.
- Parfois, ces couleurs sont réparties dans des cartouches distinctes.
- Pour une meilleure qualité d'impression photo, on ajoute parfois une quatrième couleur.

Le remplacement des cartouches ne présente généralement aucune difficulté. Il suffit d'ouvrir le capot de l'imprimante, d'extraire l'ancienne cartouche et d'introduire la nouvelle après avoir ôté sa pellicule de protection.

Le prix des cartouches est élevé : environ 10 euros pièce pour une cartouche noire capable d'imprimer 150 pages, quelque 15 euros pour les cartouches couleur. Il s'y ajoute le prix du papier :

- Pour imprimer des documents courants, utilisez du papier blanc au format standard dit A4 (21 × 29,7 cm) en qualité 80 grammes. Une ramette de 500 feuilles, en 80 grammes, vaut environ 8 euros.
- Pour des photos couleur, vous devez utiliser un papier photo spécial. Il en existe dans de multiples formats. Par exemple, les vingt feuilles de papier au format 10 × 15 cm sont vendues environ 10 euros.

› Imprimez un document courant

Vous avez rédigé un document à l'aide de votre programme de traitement de texte et vous voulez l'imprimer :

1 Ouvrez ce document dans votre traitement de texte, par exemple dans Word 2007.

2 Vérifiez que vous imprimante est bien connectée et allumée, et qu'elle est pourvue en papier.

3 Cliquez sur le bouton **Office** pour ouvrir son menu, puis sur **Imprimer**. Ou bien cliquez sur le menu **Fichier**, puis sur la commande **Imprimer**. La boîte de dialogue d'impression s'affiche.

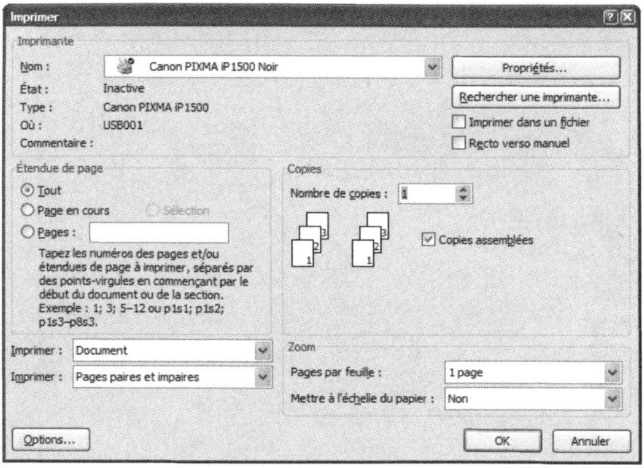

4 Indiquez quelles pages vous voulez imprimer, toutes par défaut, et en combien d'exemplaires.

5 Cliquez sur **OK**. L'impression est lancée.

› Imprimez une page Web

Vous pouvez lancer une impression depuis plusieurs sources ou programmes. Par exemple, pour imprimer la page Web courante :

1 Affichez la page à imprimer.

2 Cliquez sur l'icône d'impression située dans la barre d'outils.

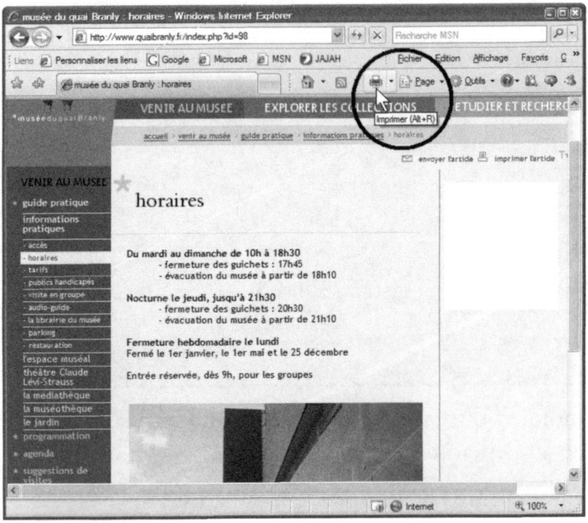

3 Dans la boîte de dialogue d'impression qui s'affiche, procédez comme ci-dessus et cliquez sur **OK**.

Économisez le papier

De très nombreux programmes proposent une option intitulée **Aperçu avant impression**. Lancez-la avant d'imprimer pour voir très exactement ce que l'imprimante va sortir. Si les cadrages ne sont pas bons, corrigez-les à l'écran.

Imprimez des photos

L'impression de photos est un peu plus subtile mais reste très simple. D'abord, vous devez employer un excellent papier photo si sous souhaitez que les résultats soient comparables à ceux des professionnels.

Pour mettre automatiquement vos photos au bon format, utilisez un logiciel spécial d'impression. Il est généralement fourni avec votre imprimante. Ensuite, procédez de la manière suivante :

1. Ouvrez le logiciel d'impression de photos.
2. Ouvrez le dossier contenant vos images et sélectionnez celles que vous voulez imprimer.

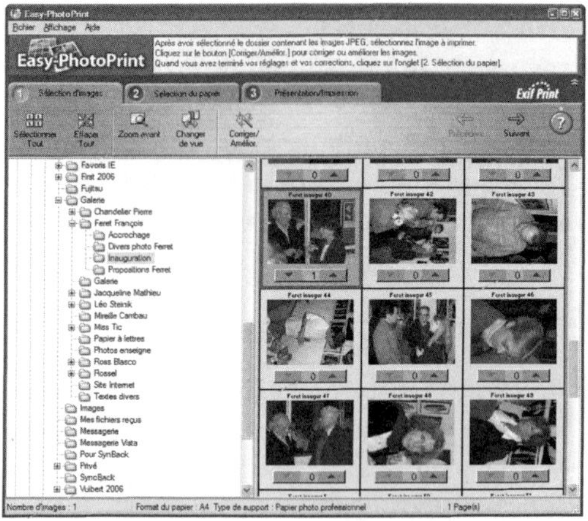

3 Sélectionnez le format du papier et sa qualité.

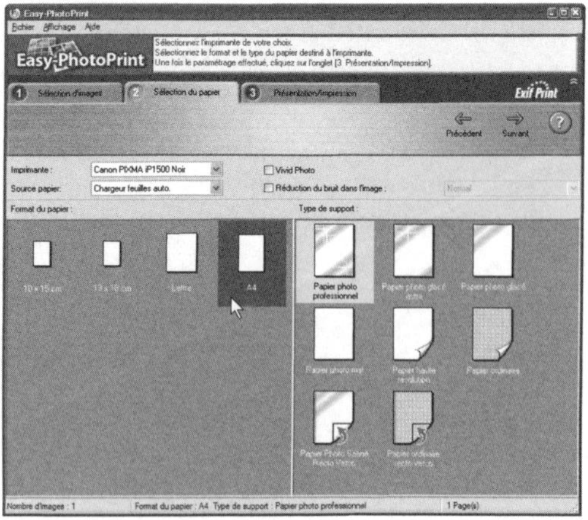

4 Sélectionnez le mode d'impression : sans ou avec bords, une ou plusieurs photos par page, *etc*. Puis corrigez éventuellement les photos.

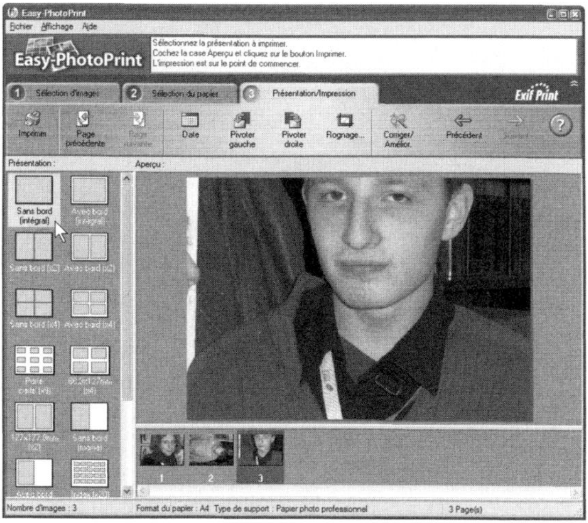

5 Cliquez sur le bouton **Imprimer**.

C'est tout ! Le miracle s'accomplit et vous obtenez d'excellents tirages.

Chapitre 13

Assurez votre sécurité

Découvrez...

- Les menaces à redouter
- Comment surveiller votre sécurité
- Quels sont les outils de protection
- Comment protéger vos enfants

Votre ordinateur, surtout s'il est connecté à Internet, risque d'être agressé par des virus, des spywares, de la publicité incontrôlée. Dans ce dernier chapitre, il est temps d'assurer votre sécurité.

› Les menaces à redouter

L'ordinateur peut être victime de divers types d'agressions :

- Il se comporte comme une auberge ouverte à tous les vents. Vous devez en fermer les portes pour interdire aux intrus d'y pénétrer. Telle est la fonction d'un **pare-feu**. Par défaut, Windows en installe un.

Pare-feu

Programme ou matériel chargé de bloquer toutes les entrées de votre ordinateur afin d'empêcher que des intrus, généralement malveillants, n'y pénètrent.

- De nombreux microbes circulent, surtout sur Internet. Si vous êtes contaminé par un virus, vous risquez les pires ennuis, jusqu'à la perte de vos données. Installez un **antivirus** et activez-le.

Antivirus

Programme chargé de détecter les virus et de les détruire avant qu'ils aient commis des dégâts.

- Certains sites Internet ont pris l'habitude d'installer à votre insu des programmes espions sur votre ordinateur.

On les appelle des **spywares**. Certains s'incrustent et se comportent comme en terrain conquis, non seulement en vous espionnant mais encore en imposant des comportements non conformes. Pour vous en prémunir, vous devez utiliser un **antispyware**.

Spyware

Espion, en français. Un petit programme émis par certains sites Internet qui s'incruste dans votre ordinateur pour vous espionner ou faire pire.

Antispyware

Programme chargé de débusquer et de détruire les spywares, les espions.

- Windows lui-même présente parfois des trous dans son armure. Microsoft les colmate continuellement en mettant au point des **mises à jour**. Veillez à ce qu'elles s'installent automatiquement chez vous.

Examinez l'état de votre sécurité

Vous pouvez examiner votre état général de sécurité en ouvrant le **Centre de sécurité** de Windows :

- Avec Windows XP, cliquez sur le bouton **Démarrer → Tous les programmes → Accessoires → Outils système → Centre de sécurité**.

- Avec Windows Vista, cliquer sur **Démarrer @@> Panneau de configuration → Sécurité → Centre de sécurité**.

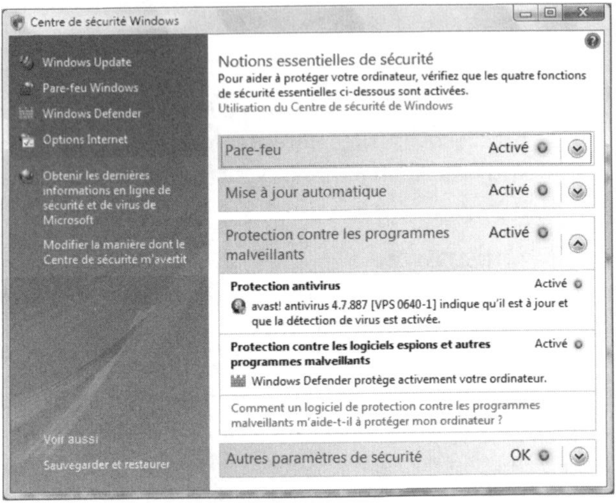

La fenêtre du Centre de sécurité s'affiche. Il est axé sur plusieurs thèmes :

- Le **pare-feu**, normalement activé. Si tel n'est pas le cas, cliquez sur la ligne inférieure **Pare-feu Windows** ; une boîte de dialogue s'affiche. Cliquez sur la case **Activé (recommandé)**, puis sur **OK**.

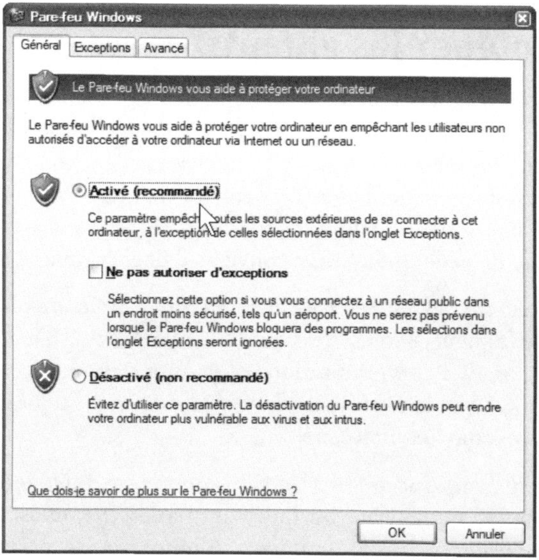

- Les **mises à jour automatiques** : si elles ne sont pas activées, cliquez sur la ligne inférieure **Mises à jour automatiques** ; une boîte de dialogue s'affiche. Cliquez sur la case **Installation automatique**, puis sur **OK**.

- La **protection antivirus** : cette protection n'est pas incluse dans Windows. Par conséquent, vous devez vous-même installer un antivirus. Une machine neuve est généralement déjà dotée d'un antivirus valable un an : après quoi son éditeur espère que vous lui renouvellerez votre confiance, mais ce sera payant.

› Protégez les enfants

Si vous avez de jeunes enfants, songez qu'ils peuvent faire des mauvaises rencontres en surfant ou en tchattant sur Internet. Des images violentes ou sexuelles explicites ou des sites racistes ou xénophobes peuvent les traumatiser, tout comme ils risquent d'entrer en relation des sectes ou avec un réseau de pédophiles. Aussi convient-il de les protéger.

Pour cela, mettez en service un programme de **contrôle parental** capable d'interdire l'accès à certains sites, d'empêcher certaines communications et de filtrer au mieux la navigation. Windows Vista en fournit un avec son explorateur en version 7 et ultérieure.

Les fournisseurs d'accès Internet (FAI) doivent maintenant, de par la loi, également vous offrir un tel logiciel, mais il en existe d'autres dans le commerce. À notre connaissance, aucun n'est parfait : la meilleure sécurité consiste à dialoguer en permanence avec les enfants pour qu'ils s'expriment, à leur faire confiance mais à les conseiller et à les guider en les mettant constamment en garde.

Glossaire

Adresse IP Adresse purement numérique servant à identifier un ordinateur. Se présente sous la forme de quatre chiffres séparés par des points : 102.25.3.217. Il est plus simple d'utiliser sa contrepartie littérale appelée Adresse universelle ou URL.

Adresse universelle En anglais : *URL*. Dénomination unique à caractère universel qui permet de localiser une ressource ou un document sur Internet, et qui indique la méthode pour y accéder, le nom du serveur et le chemin à l'intérieur du serveur.

ADSL Sigle provenant de l'expression *Asynchronous Digital Subscriber Line*, ligne asynchrone numérique d'abonné. Désigne un mode de transmission très rapide des données par voie téléphonique.

Antispyware Programme chargé de débusquer et de détruire les *spywares*, les espions.

Antivirus Programme chargé de détecter les virus et de les détruire avant qu'ils aient commis des dégâts.

APN Abrégé pour *appareil photo numérique.*

Bande passante Débit d'une connexion. S'exprime en multiples des unités *bits* ou *octets* par seconde.

Base de données Programme servant à réaliser et à gérer des fichiers, comme un carnet d'adresses, mais avec des caractéristiques très puissantes.

Bit Unité d'information binaire traduisant la présence ou l'absence d'une impulsion électrique, ce que l'on représente par les chiffres 0 et 1.

Blog Contraction de *Web log*, site sur le web. Désigne un site Web personnel très simple que n'importe qui peut réaliser en quelques instants.

Bogue *Bug*, en anglais. Erreur dans la conception d'un programme informatique à l'origine d'ennuis divers.

Boîte de dialogue Petite fenêtre de discussion qui s'affiche à l'écran pour vous demander des précisions complémentaires.

Bureautique Programmes adaptés aux besoins d'un bureau tels qu'un traitement de texte, un tableur, un logiciel de présentation, une base de données, *etc.*

Bus Voie de liaison transmettant les signaux informatiques.

Carte d'extension Carte électronique pouvant s'enficher dans l'un des connecteurs de la carte mère d'un ordinateur.

Carte mère Carte électronique principale d'un ordinateur.

Cc *Copie conforme.* Ligne sur laquelle vous spécifiez les destinataires secondaires d'un message auquel ils n'ont en principe pas à répondre. Les destinataires principaux prennent connaissance de ces destinataires secondaires.

Cci *Copie conforme invisible.* Ligne sur laquelle vous spécifiez les destinataires secondaires d'un message auquel ils n'ont en principe pas à répondre. Les destinataires principaux n'ont pas connaissance de ces destinataires secondaires.

Clé USB Dispositif de petite taille se branchant sur un pour USB et fournissant selon sa vocation de la mémoire, une connexion sans fil, un tuner, *etc.*

Cliquer Enfoncer et relâcher le bouton-poussoir d'une souris ou d'un dispositif similaire.

Concentrateur Matériel reliant tous les ordinateurs d'un réseau.

Cookie Code qu'un site Web enregistre temporairement sur votre disque dur pour vous identifier ultérieurement, par exemple.

Courriel Francisation de *e-mail*, courrier électronique.

E-mail *Electronic mail*, courrier électronique. Système d'échange de messages par Internet, facile à utiliser, instantané et quasiment gratuit.

Firewall Nom anglais pour pare-feu.

Foire aux questions En abrégé, FAQ, pour l'anglais *Frequently Asked Questions.* Rubrique présentant par sujets les questions les plus fréquemment posées par les utilisateurs, accompagnées des réponses correspondantes.

Formater Acte visant à rendre un disque apte à son service. Pour un disque dur, consiste à définir des pistes et des secteurs.

Forum En anglais : *newsgroup*. Service permettant l'échange et la discussion sur un thème donné. Chaque utilisateur peut lire à tout moment les interventions de tous les autres et apporter sa propre contribution sous forme d'articles.

Fouineur En anglais, *hacker*. Passionné d'informatique qui, par jeu, curiosité, défi personnel ou par souci de notoriété, sonde, au hasard plutôt qu'à l'aide de manuels techniques, les possibilités matérielles et logicielles des systèmes informatiques afin de pouvoir éventuellement s'y immiscer.

Freebox Nom déposé par la société Free d'un boîtier modem permettant à un ordinateur de se connecter à Internet par ADSL.

Fréquence d'horloge Autre nom pour désigner la fréquence de travail.

Fréquence de travail Notion s'appliquant au microprocesseur et à d'autres circuits électroniques. Se mesure actuellement en milliards d'impulsions par seconde, en *gigahertz*. Les valeurs actuelles tournent autour de 2 gigahertz, ce qui s'écrit en abrégé 2 GHz.

GHz Gigahertz, milliard d'impulsions par seconde.

Gigahertz Milliards de hertz. Spécifie une fréquence.

Gigaoctet Un milliard d'octets. En abrégé : Go.

Go Abrégé pour *gigaoctet*, un milliard d'octets.

Groupe de discussion Groupe de personnes passionnées par un thème et qui en discutent à perte de vue en s'adressant des messages écrits. Il en existe sur tous les sujets possibles et imaginables.

Hacker En français, *fouineur*. Voir ce mot.

Hameçonnage En anglais, *phishing*. Technique de fraude visant à obtenir des informations confidentielles, telles que des mots de passe ou des numéros de cartes de crédit, au moyen de messages ou de sites usurpant l'identité d'institutions financières ou d'entreprises commerciales.

HTML *Hyper Text Make-Up Language*. Langage de programmation largement utilisé par le Web.

Icône Petite image stylisée représentant une commande ou une fonction. Cliquez ou double-cliquez dessus pour lancer le programme ou la fonction qu'elle gouverne.

Internet Réseau mondial d'ordinateurs serveurs reliés par des lignes téléphoniques.

Intranet Réseau de télécommunication et de téléinformatique destiné à l'usage exclusif d'un organisme et utilisant les mêmes protocoles et techniques que l'Internet.

IP *Internet Protocol* : protocole utilisé par Internet.

Ko Abrégé pour *kilo-octet*, mille octets.

LCD *Liquid Cristal Display*, écran à cristaux liquides. Dispositif d'affichage plat.

Livebox Nom déposé par la société Orange (anciennement Wanadoo) d'un boîtier modem permettant à un ordinateur de se connecter à Internet par ADSL.

Logiciel Notion large regroupant l'ensemble des programmes mais aussi les modes d'emploi.

Matériel Notion large regroupant votre ordinateur, ses câbles, une imprimante, l'ensemble des périphériques, des cartes d'extension, les clés USB, *etc.*, en fait, tout ce qui est palpable.

Mémoire vive Autre nom décerné à la mémoire centrale.

Menu Tout comme au restaurant, un menu offre une liste d'options disponibles, par exemple de commandes que vous pouvez lancer.

Mo Abrégé pour mégaoctet, un million d'octets.

Modem Contraction de l'expression *MODulateur-DÉModulateur.* Dispositif qui s'insère entre l'ordinateur et une ligne téléphonique pour assurer la connexion à Internet.

Moteur de recherche Site Web servant de centre de recherche.

Newsgroup Désignation anglaise des groupes de discussion, groupes de personnes passionnées par un thème et qui en discutent à perte de vue en s'adressant des messages écrits.

Octet Unité informatique qui correspond approximativement à un caractère tel que vous le tapez au clavier.

Page d'accueil Page s'affichant en tout premier lors de l'entrée sur un site. Peut être comparée à la page de garde d'un livre combinée à un bref sommaire.

Pare-feu Programme ou matériel chargé de bloquer toutes les entrées de votre ordinateur pour empêcher que des intrus, généralement malveillants, n'y pénètrent.

Partitionner Acte visant à diviser la capacité d'un disque dur en plusieurs disques logiques.

PC Nom générique que l'on donne à tous les ordinateurs personnels. Il a été imaginé par la société IBM qui a appelé sa première machine *Personal Computer*, ordinateur personnel.

Périphérique Ce mot englobe tous les matériels qui gravitent autour de l'ordinateur proprement dit : écran, imprimante, souris, disques, scanner, webcam, *etc.*

Pixel Unité (point) élémentaire d'affichage sur un écran.

Pourriel En anglais, *spam*. Voir ce mot.

Programme Séquence d'instructions introduite en mémoire et servant à faire fonctionner l'ordinateur.

Raccourci Icône ou frappes clavier servant à lancer le programme ou la fonction qu'il gouverne.

RAM Nom technique donné à la mémoire centrale et provenant de l'expression *Random Access Memory*, mémoire à accès aléatoire.

ROM Type de mémoire ne pouvant qu'être lue. Ce nom provient de l'expression *Read Only Memory*, mémoire à lecture seule.

Routeur Dispositif matériel ou logiciel permettant l'interconnexion d'un réseau, par exemple sa connexion à Internet.

Scanner Périphérique permettant de photocopier un document et d'en transmettre l'image à l'ordinateur.

Serveur Système informatique destiné à fournir des services à des utilisateurs connectés et, par extension, organisme qui exploite un tel système.

Spam Messages non désirés qui encombre votre boîte aux lettres. En français : *pourriel.*

Spyware Espion, en français. Petit programme émis par certains sites Internet qui s'incruste dans votre ordinateur pour vous espionner ou faire pire.

Système d'exploitation Le tout premier programme qu'un ordinateur doit exécuter.

Tableur Programme spécialisé servant à réaliser des tableaux de données diverses incluant généralement des calculs et permettant de les transformer en graphiques.

Traitement de texte Programme servant à rédiger toutes sortes de textes, à leur conférer une bonne présentation, puis à les imprimer.

Tuner Dispositif de réception radio ou télévision servent à recevoir les chaînes.

URL Adresse Internet, abrégé de *Uniform Resource Locator*, localisateur uniforme de ressource. *Adresse universelle.* Elle permet d'atteindre un site précis depuis n'importe quel point du globe.

USB *Universal Serial Bus* : bus série universel. Désigne un mode de connexion qui se veut universel ainsi que son connecteur. Chaque ordinateur actuel dispose de deux à six connecteurs USB.

Utilitaire Programme complémentaire généralement de petite taille exécutant une fonction d'accompagnement ou de sécurité. Par exemple, un utilitaire de gestion des images.

Virus Programme parasite qui contamine votre ordinateur et peut provoquer bien des dégâts, par exemple la perte de vos données ou le blocage de la machine.

Web Abrégé pour *World Wide Web*, la toile mondiale. Il s'agit du service le plus spectaculaire offert par Internet. Il permet de visiter des sites dans le monde entier, gratuitement.

Webcam Caméra spécialement développée pour le Web.

Wi-Fi La fidélité sans fil : *Wireless Fidelity*. Mode de liaison sans câble, par ondes radio, d'un ordinateur à des périphériques ou à Internet.

Index

D

E

F

G

H

I

J

L

M